2012 年度山东省人文社会科学资助课题

ZHONGGUO JIAOYU DIANSHI
MEITI FAZHANLUN

中国教育电视媒体发展论

白传之　刘中枢◎著

中国广播电视出版社
CHINA RADIO & TELEVISION PUBLISHING HOUSE

序 言

在我国，电视录像应用于课堂，称为教学电视；闭路电视应用于校园，称为校园电视；电视传播应用于社会，称为教育电视，这既是教育电视发展的三种状态，也是其发展的三个阶段，体现了从"工具"向"媒体"转化的历程。自从1980年（新疆教育电视台开播）教育电视成为大众传播媒体那一天起，就基本上沿袭广电系统走过的路径，突飞猛进地发展到1200多个频道（1994年数据）。时至今日，独立运营的教育电视机构却仅存70多家。为什么在短短的30余年中，教育电视便出现了由盛而衰的状况？在社会转型期以及文化事业、产业大发展的背景下，教育电视媒体应该拥有怎样的社会和行业地位？这既是一个实践问题，更是一个理论问题。

事实上，许多教育电视媒体人，包括一些传播学者也做出了努力，各自从节目创意、管理创新、人才培养和市场运营等角度展开探究，剖析原因和提出发展建议，但多是在商业逻辑即"收视至上"的桎梏中辗转腾挪，难有方向性突破。为此，山东教育电视台一班人以高度的媒体社会责任感，以对国家和公众负责的态度，审慎地提出了"教育电视媒体公益性"概念体系，以承担课题的方式展开了细致入微的探讨，在此课题基础上，又承担了"公共文化背景下教育电视媒体发展研究"课题，围绕教育电视媒体发展的根本问题展开探讨。本书即为多年来的理论创新及其实践探索结合的成果。本书从理论角度深刻分析了教育电视媒体的本质属性之一即"公益性"，提出并论证了公共教育资源平台应为教育电视媒体未来发展目标，无论是从国外教育电视媒体发展历程分析，还是从我国社会建设尤其是努力满足基本公共服务需要的角度考量，教育电视媒体都应当成为独立于广电媒体之外的另一媒体平台，提供公益性服务是其立身之本，提升国民基本素养是其根本目标，正如习近平总书记在担任中共福建省委常委、省委副书记、福州市委书记期间，给福建教育电视台的题词"教育电视 大有可为"所期望的那样。

早在2002年，党的十六大就明确提出要"完善政府的经济调节、市场监管、社会管理和公共服务职能"。从那时起，公共服务在我国不仅仅成为一种共识，一种口号，更成为一种行动，政府更加重视公共服务建设，加快健全覆盖全民的公共服务体系，全面增强基本公共服务能力，这既是政府由管理向服务转型的需要，更是加强社会建设并向着民主国家发展的重要步骤和内容。教育电视媒体作为社会公共服务的组成部分，更应得到加强，而不是削弱。

物质文明与精神文明必须协调发展，才能形成构建和谐社会的基础条件。我国改革开放30多年来，物质文明得到了极大的提升，但是，精神文明却没能与物质文明同步发展，精神文化需求急剧提升，更加对基本文化权益提出了现实的要求，市场配置尽管起到一定的作用，但是，政府应当更加有所作为，正如原国家广电总局王太华局长所说，"构建覆盖全社会的公共文化服务体系，体现了广大人民群众的根本利益和共同愿望，事关社会主义现代化建设的全局。我们必须从全局和战略的高度，充分认识这一举措的重要意义。"在这样的背景下，教育电视媒体迎来了新的发展机遇和空间。作为公共服务重要内容的公共文化建设是经济社会发展到一定阶段的必然要求，是党和政府顺应社会要求的制度性安排和调整。教育电视媒体在此历史阶段中应当承担独特的功能，可以发挥独特的作用。

教育电视媒体诞生于改革开放的年代，处于社会迅速转型过程中，自身也因社会需求变化处于由单一的远程教育渠道向突出教育功能的大众公共文化建设传播媒体的身份转换过程中。那么，是不是教育电视媒体就由此演变为与广电媒体无本质属性区别了呢？

为此，课题组以媒体属性这个核心概念为逻辑起点，展开了由浅入深的探究，建构了自成体系的研究分析框架与逻辑。媒体属性是伴随社会发展变化而分化的，作为以向公众提供视频节目服务为主的电视媒体，相应地表现出多种属性，若详加考察与分析，基本上可以分为政治属性、经济属性和公益属性三种（简称政治性、经济性和公益性）。政治属性主要体现其为国家政治和权力服务；经济属性主要体现其创造财富的能力；公益属性主要体现在社会公共文化建设，促进精神文明发展，提升国民素质、素养，实现中华民族伟大复兴等方面。随着时代的变迁，教育电视媒体的属性也在不断发生着演化，无论伴随社会发展怎样变化，公益性是其最为重要的属性之一，也是其区别于其他电视媒体的根本属性。在实践方面，各个电视媒体、频道所追求的社会功能有所差异，表现在属性方面，所显现的比例有所差异，有些政治属性为显性，有些经济属性为显性，就教育电视媒体而言，公益性必然为其显性属性。公益性是其独有的与政治性、经济性相并列的第三种本质属性，为社会提供完全的公益服务是教育电视媒体的未来发展方向，这与其公益性源流密切相关。

教育电视媒体公益性源流之一来自于教育信息技术的发展。20世纪80年代肇始于校园内的定向传播，包括教学电视和校园电视两种形态，这是其公益性的基因。众所周知，在中国，教育行业属于非营利的社会事业，作为教育事业的有机组成部分，教育电视媒体很自然地也成为向社会提供公共教育资源服务的机构之一，并且，伴随我国社会管理变革和公共文化服务要求的提升，对公益要求有增无减，成为教育电视媒体发展的内在驱动力，也是其生命力之所在。

教育电视媒体的另一个公益性源流则可在媒体发展史上追溯。在我国改革开放前的政治传播时代，媒体为广大人民的根本利益服务就是公益体现，更是本质属性，具体表现为对公众的启蒙、发动和组织功能；在改革开放后的经济传播时代，公益性遇到了前所未有的挑战，属性多元分化，表现为政治性与经济性的博弈以及经济性与公益性的博弈，尽管公益性受到了挑战，但并没有消失，只是在某种意义上和在一定程度上被边缘化、被弱化了。这个时期，教育电视媒体对公益性的坚守，恰恰成为媒体公益性的一抹亮色。在许多媒体逐渐滑向商业化的大潮中呈现出社会公器的本色，被公众列为内容安全的"绿色频道"之列。

如何在媒体运作过程中体现公益性本质？实现公益传播的社会效益？研究围绕核心概念，层层展开论证，从"源流"到"内涵"、从"运营"到"实现"，提出了自成体系的"公益思想—公益内容—公益行动"的核心理论研究分析框架，在关注、推动和分析媒体公益实践基础上，展开公益探索，预测了即将到来的公益传播时代。可以说，研究过程洞悉了国内电视媒体的发展规律，具有前瞻性，也为其他电视媒体及新媒体在公益领域的发展探索，提供了理论支撑，具有借鉴意义。

如何在具体的传播实践中，体现公益性呢？

首先，媒体应当具有崇高的公益思想，这决定着公益行动的方向，因为公益是实现社会资源进行公平分配的重要方式之一，同时也是公众的文化权益之一；其次，作为媒体，不可能以某一种内容满足所有人的要求，应当围绕公益明确服务对象，这样才能使得传播更有效率；再次，电视是以传播内容作为载体实现其公益理念的，政策宣传、教育教学、历史文化、人文科学和公益广告为其核心内容。在传播渠道过剩的当下，教育电视媒体还必须开展广泛的公益行动以贴近服务对象，通过主导性、平台性和跨媒体行动实现与服务对象的互动，提升公益服务水平和实效。为更好地体现公益性，完成公益传播目标，研究提出要建立以政府管理为主导、市场运作为基础、社会评估为手段的公益媒体管理方式，变革现有"事业单位、企业化管理"的运作方式，以达到"主体多元化、内容多样化、财源多渠化、服务公平化"的公益媒体发展目标。

研究开辟了教育电视媒体新的发展领域，也是大众媒体传播研究新的领域。尽管就社会影响力和市场份额而言，教育电视媒体出现萎缩之势，但可以预见的是，通过教育电视媒体自身的探索，理论界的大力推动，再加上我国党和政府对教育电视媒体公益政策的突破，教育电视媒体发展前景依然是乐观的，只要坚持以公益为旗帜，本着"教育性、公益性、服务性"的原则，定能在基本公共文化服务领域大有作为。

"中国梦"的主要动力有三大来源，其中，"追求公民成长，文化繁荣，教育进步"占据重要地位。课题组也将同所属媒体一起，进一步探索研究教育电视媒体的公益发展路径，并就教育电视媒体在帮助"人民共同享有人生出彩的机会"、实现中国梦的过程中，把传统教育资源优势与媒体公益作用有机结合，探索教育电视媒体如何为"中国梦"注入强劲动力，助力推进我国公共文化服务体系的建构与完善。

山东教育电视台台长

刘锦琦

2013 年 5 月 16 日

目 录

第一章
绪 论

一、研究背景

在我国，教育电视媒体出现于 20 世纪 80 年代。伴随时代发展和社会需求的变化，教育电视的本质属性和功能也在发生相应的变化。"教学"、"教育"与"电视"的结合过程，大致走过了"教学电视"、"校园电视"和"教育电视媒体"三个阶段，正在向着"公益媒体"阶段演变。若从传播学的角度考量，电视由教学辅助手段、远程教育渠道演变成了大众传播媒体。以前内涵不甚明了的所谓"教育电视"分化成了传播对象、时空和方式等要素截然不同的"课堂教学视频"、"校园电视"和"教育电视媒体"。新媒体技术的推动，全媒体时代的到来，将进一步把"教育电视媒体"演变为公益性"教育资源媒体平台"，再不是单纯的电视媒体了。事实上，教育电视媒体的存在，在某种意义和程度上，为中国电视媒体行业增添了新的角色，提供了不同于广播电视行业的内容和服务模式，形成了广电媒体系统和教育电视媒体体系二元并存的局面，就媒体事业和产业发展来看，教育电视媒体不仅在于其实现公益性的外显功能，而且在于其打破了广电媒体的行业垄断，并在一定程度上，为媒体过度商业化提供了抑制力量。教育电视媒体经历了怎样的演变过程，其发展情况应当如何评估？未来的媒体平台又是怎样的？教育电视媒体能真正成为公益媒体吗？本研究认为，无论是在社会转型背景中还是在媒体改革情势下，尤其是在大力发

1

展公共文化事业的过程中，教育电视媒体都应当成为文化、教育改革的特区，率先担负起公益媒体传播实验的角色，为探索我国社会主义新闻传播理论以及教育媒体传播理论作出贡献。

转型期的中国，中华文化处于伟大复兴过程中，传媒业的变革也不例外。有学者认为，"中国的传媒产业正在经历一个现实的发展危机。随着传媒的产业属性逐步彰显和市场机制逐渐成熟，国家对于传媒产业的发展有了更深层次的改革需求。过去'事业单位，企业化管理'的二元运作体制，在新的发展环境下出现了严重的制度阻梗。"① 显然，仅仅靠增量式的改革已无法解决深层的矛盾与危机。中共十七届六中全会以后，国家层面已开始了有关传媒行业发展的顶层设计与实施，也就是，从制度层面上，文化被分成事业和产业区别对待，承担不同的社会功能，实行不同的管理模式。

按照上述思路，传媒业包括传媒事业和传媒产业两部分，将要有各异的政策和发展路径。改革开放以来，国内新闻传播理论界乃至社科界对传媒产业研究趋之若鹜，而对传媒事业发展规律的深层次研究却是乏善可陈，并且"往往将焦点集中在行政权力的退位离场之上，将目前改革出现的问题和停滞归结于政府开放的力度不够或者国家对传媒产业的束缚太多，而将市场力量视为解决一切的灵丹妙药，这显然是一种简单化的思维方式"②。从此判断可以看出，不少研究是基于西方传媒规制进行的，同时，也是基本怀疑我国传媒管理体制进行的。为此，本研究在比较充分地了解和分析国内广电媒体、教育电视媒体以及相关社会需求基础上，注重对比国外公共媒体、商业媒体制度对我国公益媒体发展与管理的借鉴意义，注重对西方的经验或理论持批判性地接受态度，以审视的目光加以评判和理解，立足教育电视媒体本土发展思路的可行性，提出相关的建议。这是一项从国家战略、社会总体发展层面所展开的宏观研究，而不是针对教育电视媒体现实需要的微观应对措施，主要是因各地、各级教育电视媒体的运行体制存在较大差异。当然，其对教育电视媒体的总体转型启发则

---

① 梅明丽/著，《传媒制度分析和战略重构》，上海世纪出版集团，2011 年版，第 63 页。

② 梅明丽/著，《传媒制度分析和战略重构》，上海世纪出版集团，2011 年版，第 20 页。

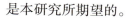

是本研究所期望的。

　　1980 年，新疆教育电视台开播，成为中国教育电视媒体的发端之年。1986 年，中国教育电视台正式成立，开启了教育电视媒体卫星传播时代。目前，我国共拥有三套卫星教育电视频道，即 CETV－1、CETV－2 和山东教育电视台 SDETV 频道。20 世纪 90 年代，各级教育电视台纷纷开播，最多时全国有 2000 多家教育电视台（站）。但是，随着改革开放的深入，市场经济的发展，媒体的公益属性渐渐被弱化，经济属性越来越突出。如同经济发展追求 GDP 一样，不少教育电视媒体也更加重视收视率等市场指标。然而，市场经济的发展，不但使得教育电视媒体运营成本大幅上升，而且，市场的竞争，导致教育电视媒体处于天然的劣势。在总量已大幅下降的同时，现存的教育电视媒体也出现了分化现象：一部分坚守公益为主的宗旨，不为市场所左右，主要依靠事业经费运转，发展受到制约；一部分积极参与媒体市场竞争，建立了与之相适应的人才队伍和运营机制，把市场获得的收益投入再生产；还有少部分处于犹豫观望状态，发展思路模糊不清，进退两难。

　　我们也看到，上述现实状况已影响到教育电视媒体未来长远的发展方向、目标定位和运营方式等诸多方面。为什么会出现这样的现象？研究发现，随着我国经济社会的发展，教育电视媒体也正在进入一个转型阶段，这个转型最主要的社会发展背景为：一是教育系统对利用电视媒体手段开展远程教育需求迅速降低；二是社会对公共文化服务需求急剧上升；三是以互联网为主的新媒体带来的媒介生态变化。在这些"升降变化"中，教育电视媒体如若要独立运行，其定位、方向、运营方式势必要发生巨大变化，否则，将可能失去存在的理由和价值。事实上，部分教育电视媒体已经在探索这种转型，并取得了令人瞩目的进展，如上海教育电视台、山东教育电视台、无锡教育电视台等。

　　本研究旨在通过对教育电视媒体生存的社会环境进行考察和分析，在进行全国教育电视媒体（市级以上教育电视台）调研基础上提出，要以体现公益性为方向，传播公益内容为根本，开展公益行动为支撑，以构建公共教育资源平台为目标，谋划教育电视媒体总体发展战略。

二、核心概念

任何一项研究都要界定研究对象、核心概念和研究范围。本研究对象为教育电视媒体发展，包括简要的历史分析、当下的现状描述以及未来的路径走向。核心概念有：公共服务、公共文化建设、教育电视媒体、教育电视媒体公益性、教育电视媒体发展。

首先要探讨什么是公共服务和公共文化建设。

众所周知，政府和社会需要提供各种各样的产品和服务来满足公众的种种需求，其中包括个性化的私人服务和大众化的公共服务，主要有物质和精神两个方面构成。社会发展程度不同，社会制度不同，所提供的服务差异就明显。公共服务是一个国内尚未有定论的概念，对公共服务理解的视角不同，导致对其定义也有所差异，如学者李军认为：“公共服务主要是指由法律授权的政府与准公共部门为满足社会公共需要，共同提供公共产品的服务行为的总称。”① 公共文化需求是公众精神需求的重要组成部分，国家大力发展公共文化事业即为公共文化建设。2002 年，中共十六大明确提出要“完善政府的经济调节、市场监管、社会管理和公共服务职能”。可以说，自那时起，公共文化建设受到社会越来越多的重视，被提升到文化建设前所未有的高度，也取得了令人瞩目的成就。社会由谁来提供公共文化服务？在公共服务组织机构设置方面，曹建光认为，“总体上中国公共服务供给组织目前可分为三大类，公共部门、私营部门和非营利部门（第三部门），在公共部门内部除了政府部门外，还包括事业单位和国有企业。”② 显然，按照这种划分方法，教育电视媒体属于公共文化教育事业的有机组成部分，这是不容置疑的。这种“事业性的本质决定了它的公共性、创造性和服务性，这也就是所谓公共文化设施供应的‘非排他性’。所以靠市场手段建设公益性文化设施和提供文化服务是不现实的，也是有限的”③。如若

---

① 李军鹏/著，《公共管理学》，首都经济贸易大学出版社，2003 年版，第 5 页。
② 曹建光/著，《公共服务的制度基础》，社会科学文献出版社，2010 年版，第 193 – 194 页。
③ 曹爱军、杨平/著，《公共文化服务的理论与实践》，科学出版社，2011 年版，第 31 页。

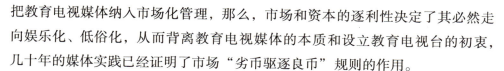

把教育电视媒体纳入市场化管理，那么，市场和资本的逐利性决定了其必然走向娱乐化、低俗化，从而背离教育电视媒体的本质和设立教育电视台的初衷，几十年的媒体实践已经证明了市场"劣币驱逐良币"规则的作用。

那么，什么是教育电视媒体？先分析什么是教育电视。

电视是 1924 年由英国人贝尔德发明的，20 世纪 50 年代后在西方社会普及，并逐步应用于教学，称为 Instructional TV 或 Educational TV，分别译为"教学电视"和"教育电视"。一种形态为电视进入课堂。这种形态是伴随着电子技术手段在课堂中的应用而生，在国外被称为 Audio – Visual Education（早期译为"视听教育"），中国称之为"电化教育"，20 世纪 90 年代后，演变为"教育传播与技术"（Educational Communication & Technology）或教育信息技术（Educational Information Technology），目前两种概念仍然被并用。从技术角度，教育电视是一种教学辅助设备；从教育角度，教育电视是一种新的教学理念和操作方式，电视手段的介入促使教育者重新设计教学和教育过程，也改变了受教育者的信息接收和处理方式。另一种形态是电视进入校园（国外也有的称为 Campus TV）。在我国，20 世纪 70 年代末期，大学校园出现了用于教学活动的闭路电视，师生可以在教学楼、食堂甚至宿舍观看学校电教中心播放的教学录像或者电视转播，这就是校园电视的开端。本研究的核心概念并不包括上述两种教育电视应用形态，而是指专门向社会公众播出教育电视节目的机构——媒体，即被称为"教育电视台"的媒介运作社会组织。

媒体是什么？教育电视媒体又是什么？这也不是一个能够简单明了回答的问题。

媒体其实是一个多面体，从不同的视野来看会给出不同的答案。传统意义上，媒体属于上层建筑，体现了媒体的政治性，甚至是权力的延伸；现代社会，媒体又属于信息服务业，人们的许多决策依靠信息；媒体还属于文化，自身既传播文化又创造文化，其他文化若没有媒体平台的支持，就少了重要的传承或传播手段；媒体是社会的守望者，常常以权力的制衡力量出现；媒体引导舆论，对社会发展与稳定有利……教育电视媒体也具有媒体的一般功能和属性，但表现的侧重点与其他电视媒体有所差异。这里，所谓教育电视媒体，是指以电视传播为技术手段，以教育教学为主要传播内容，目的是提高公众综合素养，促进社会和谐健康发展的社会组织。

从学术角度考量，作为向公众播出电视节目的媒体，教育电视媒体同其他媒体一样，具有多种属性，尤其是新媒体时代的到来，更是如此，属于大众传播学的研究范畴。本研究认为，尽管媒体具有多面性，相应地表现出多种属性，但若详加考察与分析，基本上可以归于政治属性、经济属性和公益属性三种（简称政治性、经济性和公益性）。政治属性体现媒体如何为政治和权力服务，经济属性体现其创造财富的能力，公益属性就较复杂一些。随着时代的变迁，教育电视媒体的属性也在不断进行着演化，无论媒体怎样变化，公益性是其十分重要的属性之一，更应当是在经济属性之上的属性。

试图给"公益"下一个定义也并非易事。先来分析"公益"。"公益"二字，顾名思义，就是公共利益。这两个字是"五四"运动以后才出现的，之前没有或者很少有"公共利益"这个概念。"公益"二字，《现代汉语规范词典》的解释是："社会公共的利益（多指群众的福利事业）"[1]，而"公共"意指：属于全社会的、公众共同所有或使用的[2]。简而言之，公共利益就是多数人的利益。

实际上，对公益的解释并没有统一的定义。若从广义的角度理解，在社会实践中，人们常常把非营利的各种社会行为统称为"公益"。有研究认为，"公共利益就是每个社会成员都有可能受益的公共物品的生产……"而所谓"公益性单位，应该是以公众福利为经营目标、需要国家从税收当中予以支持的经济实体"[3]。若从狭义角度来理解，"公益"又可指政府、社会和个人对弱势群体的救助和帮助行为。本研究所涉及的"公益"，指的是前者，也即广义的公益。

教育电视媒体公益性，就是教育电视媒体根据社会发展需要所开展的各种非营利的公众传播及社会活动所呈现出的外在效果。本定义包括四层含义：（1）根据社会发展需要，社会在不断地向前发展，执政党的中心任务也不同，

① 《现代汉语词典》，外语教学与研究出版社、语文出版社，2004 年版，第 454 页。
② 《现代汉语词典》，外语教学与研究出版社、语文出版社，2004 年版，第 452 页。
③ 彭柏林等/著，《当代中国公益伦理》，人民出版社，2010 年版，第 624 页。

对媒体要求自然也不同；（2）非营利性，其播出的电视节目和开展的媒体活动、社会活动均不是以营利为目的的，也不是为其他营利性社会组织服务的；（3）传播内容和社会活动所外显的社会服务效益，具有非排他性，社会公众均可以公平地享有，体现出公共性；（4）教育电视媒体本身应当演变为非事业性的社会组织，以某种形态的社会公益组织运行，可更利于公益的实现。总之，教育电视媒体公益性本质上不是为了积累财富和缴纳利税，其运营中所产生的营利也只是为了更好地实现自身资源补偿、用于提高内容质量和服务水平。

　　在探讨公益性的同时，回避不了的是教育电视媒体的教育性，这当然是教育电视媒体的主要功能，因为其他媒体或多或少地也有教育功能。既然冠之于"教育电视媒体"，按理说，教育性不应该成为讨论的话题。《广播电视管理条例》第四章第四十四条明确规定："教育电视台应当按照国家有关规定播放各类教育教学节目，不得播出与教育教学无关的电视片。"显然，此规定也仅仅是对教育电视媒体功能的限制性描述，且在传媒理论界和教育媒体行业也已争论多年，莫衷一是。加之多年来，国家教育部也未曾就教育电视媒体发展提出过全局性的要求和发展目标，条例中的"国家有关规定"也成为很模糊的表述。事实上，在媒体管理制度层面，不单单是作为教育电视媒体主管部门的国家教育部没有创新并出现缺位，其他相关部门也是"通过宣传纪律、红头文件或者是口头通知对传媒进行控制的方式居多，对传媒产业宏观指导和法律规范则处于稀缺状态"[①]。对所谓"教育性"的理解也自然而然地出现多种"版本"，流传甚广的有服务于"大教育"之说，即把教育电视媒体的教育性演绎为"凡具有教育意义的节目"均可播出，这种所谓"大教育"的说辞和理解未免有狡辩之嫌，更是影响到教育电视媒体定位、运营和未来长远发展方向等诸多方面。在实际运作中，一些媒体由于受到各种条件的制约，或者本身认知水平的局限性，甚至有些媒体曲解本规定，并屡屡突破，不但招致主管部门的处罚，也受到广大电视观众和学者们的批评。那么，到底如何理解本规定的含义？

　　从最广泛的意义上来看，所有电视节目均有一定的教育意义。譬如，娱乐

---

① 梅明丽/著，《传媒制度分析和战略重构》，上海世纪出版集团，2011 年版，第 57 - 58 页。

节目中也有正确价值观的教育和引导，影视剧中更有爱国主义教育主题。但是，这似乎不应该成为教育电视媒体任意扩大传播内容、范围的理由。按照传播学集大成者，美国学者施拉姆的理解，大众传播有三大基本功能：守望、角色和教育。关于教育功能，施拉姆提出，媒体可在四个方面发挥直接的作用：推广农业技术、普及卫生知识、扫除文盲、实施正规教育。看起来，媒体的教育功能并不为教育电视媒体所独有，所有的媒体均可有教育功能，对于我国教育电视媒体，只是必须把教育作为其主要功能才能承担法规所赋予的权利和义务。如何解读"与教育教学无关的电视片"？或者还可以换成另一种表述方式，也许更好理解，什么电视片与教育教学有关？其实，也可以理解为把教育功能作为媒体主要功能来得更为准确、明确。为此，在国家媒体管理制度层面上，应当进一步进行详细解释并加以规定。

那么，如何理解本研究提出的公益性呢？

我们认为，教育电视媒体公益性体现在如下几个方面：（1）运作费用：来源于政府拨款、个人或社会组织无偿捐款；（2）传播内容：提升全民整体教育、文化和科学素养的信息与知识，从教育和文化视角展示社会发展变化的节目，方便公众监视和观察人文生存环境的资讯；（3）收益使用：向公众提供服务所获得的市场经济效益，为媒体自身可持续发展提供资源补偿；（4）大众参与：媒体活动应当让公众广泛参与互动，而非"我播你看"之"说教式"的单向传播。教育电视媒体公益性是面向全体公众的，尤其是包括涉及教育的最广大的基层工人、农民和服务业者，而不是像商业媒体那样，面向特定的消费对象〔如所谓"三高"花八门（高学历、高收入、高职位）消费者〕。这是因为教育本身就是面向全民的社会主义公益事业，"找回社会主义对于全民的承诺才是公共性最重要的体现"①。

从西方传媒发展历程来看，教育电视媒体公益性服务既可作为公共服务的组成部分，也可作为独立的事业来运行。毕竟，媒体提供公共服务有着更加丰富的内涵。有研究者认为，"广播电视公共服务是指由广播电视主管部门筹集和

---

① 石力月/文，"历史的视野与非本质化的'公共性'"，《新闻大学》，2011冬季号。

调动社会资源提供产品和服务，来满足社会公众公共信息和文化利益的需求，其本质是满足公共需要，追求公共利益，创造公共价值。"① 为此，本研究从论证公益性入手，探讨教育电视媒体体现公益性，构建媒体平台，满足公众基本公共教育资源需求的发展策略。

三、文献综述

本书属于公共服务、传播学、教育学、社会学等学科交叉领域的研究。为此，在文献资料的查询和分析过程中，对于有关领域的研究成果都有所借鉴。文献查询和梳理的结果如下所述：

2012 年 5 月，以"公共文化服务"为关键词，在国家图书馆网站查询到 2007 年以来的论文及专著共有 622 项；在国家哲学社会科学网站查询到 2008 年以来的立项项目共有 15 项；在教育部教育科学规划领导小组办公室网站上没有查到 2006 年以来立项的相关课题；2012 年 5 月，全国哲学社会科学成果结项课题：即由华中科技大学石长顺主持的《中国广播电视公共服务研究》，其他均为级别较低的研究成果。

从对上述项目的内容分析中可以发现，多数研究主要着眼于公共服务设施如何发展服务功能，如"图书馆"、"文化馆"和"博物馆"等，少数研究才把广播电视也作为公共文化服务的一部分进行深入探讨。这与多年来，广播电视作为党和政府的喉舌有密切关系，因此，媒体公共文化服务是当下学术研究的短板。

中国教育电视媒体从无到有、从快速增多到迅速减少，在过去的 30 多年中发生了巨大变化。教育电视媒体既是教育信息化的有机组成部分，又是中国电视事业的重要组成部分。学术界对教育电视媒体的研究也取得了一定的成绩。然而，通过文献查阅和分析，也可以看出，无论是数量还是质量均还没有取得突破性进展。2006 年，学者王哲平给出的结论很有代表性，他认为，教育电视

---

① 方雪琴/文，"广播电视公共服务绩效评估体系的构建"，《现代传播》，2011（5）。

媒体研究"量的积聚胜于质的提高，理论建构让位于实务研究"①，尽管距此研究又过去了五六年，但是，文献检索并没有发现学术方面有显著性的改观与进展，归纳起来，国内有关研究文献呈现出如下特点：

1. 宏观理论研究鲜有突破，教育电视媒体发展失去明确方向。文献资料中，系统地研究教育电视媒体的理论性著作仅仅有两册，一是王哲平教授所著的《中国教育电视：历史、现状与发展》（中国社会科学出版社，2006年版）。该书为作者的博士后出站报告，因其曾任江西教育电视台台长，该著作兼具理论与实践相结合的特点，称得上是30多年来的首部创新性著作。著作"从频道专业化的视角出发，描述中国教育电视发展与经济文化发展的互动关系，考察教育电视的功能与定位，通过比照借鉴，从理论构架和实践导向两方面探寻一条适合中国教育电视可持续发展的路径"。② 然而，本研究认为，频道专业化是广电系统基于自身频道数量增多，内容类同所做的政策性调整，其实，对特色鲜明的教育电视媒体频道而言，本身已经由《广播电视管理条例》规定了其专业性，并不存在专业化的问题，而是"个性化"的问题，即如何体现其独特的"教育性"、"公益性"和"服务性"。二是周速编著的《教育电视媒体的理论与实践》（东北大学出版社，2009年版）。该书主要探讨在课堂教学中，电视作为辅助手段运用于教学过程中的基本理论和教学特点，显然并不是大众传播研究的视角，但对起源于教学电视的教育电视媒体而言，的确也有一定的借鉴价值。

按照王哲平的理解与分析，"考察中国教育电视的基本出发点，必须明确当代中国最大国情对教育电视的基本定位，必须明确电视传媒改革对教育电视的基本要求"③。为此，他提出了中国教育电视的三个历史使命，即"构建开发和提升人力资源的学习平台"、"营造未成年人健康成长的媒介环境"、"打造'频道时代'富有竞争力的专业品牌"。这些真知灼见，的确成了教育电视媒体理

---

① 王哲平/著，《中国教育电视：历史、现状与发展》，中国社会科学出版社，2006年版，导言，第2页。

② 张骏德教授为《中国教育电视：历史、现状与发展》一书所做的"序"。

③ 王哲平/著，《中国教育电视：历史、现状与发展》，中国社会科学出版社，2006年版，第25页。

论研究者和实践者值得认真思考的命题。其实，前两点与本研究提出的教育电视媒体公益性理解有着异曲同工之妙，无论是"学习平台"还是"媒介环境"在很大程度上就是为社会提供公共服务的。然而，这些理念的提出仅仅出于功能性的考虑，实为开展媒体具体业务提供思路，还没有上升到教育电视媒体本质探究层面。

2. 实务研究紧跟广电业务亦步亦趋，教育电视媒体业务难有创新。教育电视媒体是后来者，广电行业和理论界早有很多成熟的理论与实践可供研究和借鉴，这既是教育电视媒体可用的知识资源，同时也是难以超越的障碍，因为，媒体的"游戏规则"也是由广电主导的。有关教育电视媒体研究的论文，较多的是对具体业务层面的简单归纳与总结，其中主要有中国教育电视协会组织编撰的《中国教育电视的探索与实践》（1995 年）、《中国教育电视的理论与实践》（1999 年）、《中国教育电视的改革与发展》（2001 年）、《中国教育电视的挑战与对策》（2003 年）、《新形势下中国教育电视的改革与发展》（2009 年）。以上系列论文集主要为全国教育电视媒体从业人员对事业、节目、运营、技术几个方面工作经验总结与分析，基本上是在中观或微观层面进行探究。多数是从播出内容或社会功能入手，探寻其发展出路，理论思维层次明显偏低。正是由于对教育电视媒体本质属性认知的深度不够，往往拘泥于频道是要"大众化"还是要"专业化"，电视"营销"怎么做，"品牌"怎么建立，如何突出节目"特色"，节目如何"创新"，经营如何"突围"，等等。与国内理论水平较高的《现代传播》、《中国广播电视学刊》、《电视研究》、《新闻界》等专业刊物上发表的广电媒体理论与业务研究论文还有很大差距。可以说，近十多年来，真正能够在战略层面加以缜密思考的研究成果屈指可数。

以"教育电视"、"教育传媒"、"教育媒体"为关键词，通过中国知网、国家图书馆网站，查询近十年来的硕士、博士论文，没有发现特别有理论价值的研究成果，仅有的两篇为张扬撰写的《教育传媒法的经济法分析》（2003 年）和王棋撰写的《国内教育电视台传播渠道创新的可行性研究》（2011 年），两篇论文也是从较窄的侧面提出了自己的见解。通过全国哲学社会科学规划办网站以及教育部全国教育科学规划办网站以及教育部社科司"中国高校人文社会科学信息网"查询，也没有得到特别有价值的相关研究课题，仅有的几个项目主要是围绕媒体使用与思想道德建设等关系展开的研究，其关注点也为广电媒体，而不是教育电视媒体。

3. 教育电视媒体资源研究与利用十分少见，完善资源补偿机制风险重重。文献检索中，我们还发现了针对媒体的个案研究。包括刘振海主编的《迈向新世纪》（2000年）一书①，该书收录了中国教育电视山东台（2006年后称为山东教育电视台）办台5周年中出现的优秀论文，其中郭建伟撰写的"开发卫星资源 创办远程多媒体教育"一文，提出媒体资源利用问题，并以实例进行了说明；彭学善撰写的"从经济属性探讨教育电视事业的发展"一文，提出"广告经营"、"信息经营"、"技术经营"的概念，是为资源补偿研究较早的思考。此外，张德明主编的《绿叶为什么——一个教育和电视的10年》（2004年），主要总结梳理了上海教育电视台的10年发展历程，比较系统地阐述了上海教育电视台总体运作思路。再有，夏陈安等人所著《专业化生存——浙江教育科技频道的创新策略》一书②，分类归纳了"内容"、"市场"、"人力"、"品牌"、"数字电视"资源的综合管理与开发方式，均为以资源开发为研究思路的重要著作。

在《新形势下中国教育电视的改革与发展》一书中，作者黄海光认为，应当"开创新颖市场：掌控视频版权，延伸相关产业"③，把版权作为资源进行了初步研究；刘存宽也提出，"各级教育台要充分利用一切可以利用的资源，包括教育资源、社会资源和其他资源，开展横向联合与合作"④；韩建新从新疆教育电视台的实际出发，提出尝试"利用保留的开路发射平台，推动移动电视及IPTV等教育传播手段的应用"⑤。众所周知，中国的广电媒体系统中，广告收入

① 山东教育电视台《迈向新世纪》编委会/编，《迈向新世纪》，山东人民出版社，2000年版。
② 夏陈安、赵瑜/著，《专业化生存》，中国传媒大学出版社，2004年版。
③ 宋成栋/主编，《新形势下中国教育电视的改革与发展》，中央广播电视大学出版社，2009年版，第35页。
④ 宋成栋/主编，《新形势下中国教育电视的改革与发展》，中央广播电视大学出版社，2009年版，第51页。
⑤ 宋成栋/主编，《新形势下中国教育电视的改革与发展》，中央广播电视大学出版社，2009年版，第163页。

一直是其资源补偿的主要方式，大多占到总收入的 80% 以上，我们的调查结果显示，对于教育电视媒体，此比例更大，甚至接近 100%。在个别媒体中，属于事业拨款的部分只占很小的比例甚至是零头。不难看出，资源补偿机制决定抗风险能力，也决定了其可持续发展前景，显然，教育电视媒体资源研究没有对发展起到推进作用。

4. 国内国外媒体制度差异甚大，理论借鉴非常有限。20 世纪 90 年代，出现了一些国外的译著，如英国人艾伦·汉考克所著的《教育电视》（纪晓林/译，中央电化教育馆 1981 年内部印刷），还有 A. 尼斯比特所著的《教育电视理论与制作》（梁洪才/译，科学出版社，1987 年版）。以上著作均属于对课堂教学电视的应用研究和操作指导。本研究认为，由于国内外传媒体制方面的巨大差异，在国家图书馆网页上，如果以 "educational media" 或者 "educational TV" 为关键词进行检索，得到的结果绝大多数也是教学电视或多媒体技术在课堂教学中应用的论著，专门研究教育电视媒体传播的只是少数。在西方，作为大众传播的教育电视媒体归属于公共媒体，其学术话语体系也属于公共媒体制度和实践研究范畴，譬如，众所周知的英国广播公司 BBC、加拿大广播公司 CBC、美国公用电视系统 PBS、日本广播协会 NHK 的教育频道、韩国教育广播电视 EBS 等，均属于此类，这对本研究具有一定的启发和借鉴意义。

借鉴西方公共媒体制度理论与经验也要特别谨慎，须以批判性的角度加以梳理与分析。学者赵月枝的研究表明，"在很多国家中，政治利益与商业利益都有不同程度的融合，这导致了媒体对公共事务的报道系统性地倾向于特殊利益集团，从而影响多元化原则的建立与维持。从老牌的自由民主资本主义国家美国、英国到新转型的俄罗斯，从亚洲的印度、泰国到拉美的委内瑞拉，这种担忧无处不在。"[1] 可以看出，西方的公共媒体政策也不是完美无缺，政治、商业等因素都在某种程度上影响到公共媒体政策的稳定和发展。政治影响从来就不可能远离媒体，毕竟媒体对公众的影响也就是对选民的影响，在西方，选民的态度总是会被重视的。

---

[1] 赵月枝/著，《传播与社会：政治经济与文化分析》，中国传媒大学出版社，2011 年版，第 273 页。

在西方社会，传统的公共领域正在缩小甚至消失。正如赵月枝所认为的，"极端商业主义的盛行、媒体所有权的集中和公共广播电视力量的削弱，使媒体的公共领域功能受到损害，并进一步强化了商业媒体制度本身隐含的为私人资本牟利与公共利益之间的张力。"① 事实上，在西方"滚滚的市场化大潮中，越来越多追求真正的社会民主与平等的欧美传播学者认为，一个一方面独立于政府，一方面独立于商业利益的公共广播电视体系是维系和发展民主不可缺少的社会力量"②。但是，在美国现有的媒体制度模式下，"完全商业化的电视威胁到公共利益，但摒弃商业化危害的做法并不是回归到由政府直接控制和运营媒体，而是需要通过特定的制度安排使公众参与成为可能，且使政治和经济的侵蚀都得到控制"③。显然，对媒体的加强控制与放松管理总是处于矛盾之中。

以典型的公共媒体 BBC 为例。BBC 是独立于政府的，既不接受政府对管理人员的安排，不播出商业广告，又不靠政府的税收或者拨款运营，而主要依赖全体媒体使用者的收视费（License Fee），这是法律赋予其的权利。如果说政府的内政部和议会欲对其进行管制，也常常是通过审批其收视费来施加影响。作为典型的公共媒体案例，世界很多学者注重研究 BBC 的模式。然而，在英国，提供公共服务的却也不只有 BBC 一家，独立电视 ITV 和第四频道也为公共利益服务，只不过三者在制度安排和运营模式方面有所差异。英国长期的社会价值认同的统一性，使得社会以"建立以公共开支维持的、服务于公共利益的组织，是英国所有政党及私人企业、商人和普通选民的共同理念"④。这是 BBC 公共模式长期存在的社会基础。

BBC 的公共服务理念主要基于公民的两点共识：一是广播电视在社会政治文化中的重要地位，二是广播电视发展初期（数字化以前）频道资源的有限性。为此，"提供信息、教育和娱乐是公共广播电视服务不变的准则"。但是，

① 赵月枝/著，《传播与社会：政治经济与文化分析》，中国传媒大学出版社，2011 年版，第 273 页。
② 赵月枝/著，《传播与社会：政治经济与文化分析》，中国传媒大学出版社，2011 年版，第 122 页。
③ 李艳红/文，"论商业化潮流中逆行的美国公用电视制度"，《国际新闻界》，2011（8）。
④⑤ 张艳秋/文，"BBC 公共服务模式：挑战、传承与创新"，《电视研究》，2011（10）。

制度是政府制定的，它与政府的关系伴随着社会的变迁发生着变化。为此，从制度角度来看，被奉为世界公共广播电视机构经典的 BBC 其实是一个历史产物，它并不是一成不变的。20 世纪 20 年代 BBC 成立之初，就借助政府的力量从商业公司（Company）变成了公营公司（Corporation），收取执照费和播出内容方面的要求都由政府设定。

根据郑洁和高昊的研究[①]，日本 NHK 自从 1959 年 1 月开设教育频道以来，也伴随着社会的变迁经历了不同的发展阶段：学校教育时期、终身学习时期、混合型定位和面向未来的教育专业频道。其中，1990 年至 2009 年为第三个阶段，2010 年后，以《国内放送节目编排基本计划》为标志，节目重心转向青少年。在各个发展阶段中，无论 NHK 教育频道的受众群体定位和节目定位怎样变化，其"实质还是通过各类节目来提升人们的综合素质，在历年的 NHK 节目编排规划中都有明确地体现"，"这是教育电视台作为专业电视台存在的基本前提"。[②]具体要求包括"教育节目达到 75% 以上，教养类节目达到 15% 以上，剩下的是一些新闻报道节目"。[③] NHK 教育频道的发展历程还表明，尽管其也受到了商业电视的诱惑与影响，但是，由于其财源来自于电视开户费和收视执照费，所以定位不必受制于广告等不稳定的收入影响，这是其能够保持教育特色的重要因素之一。当然，政府的调控和干预也是非常重要的一环，譬如，日本邮政省在颁发执照时规定，"专业教育电视台中教育节目要达到 50% 以上、教养节目要达到 30% 以上；准教育电视台教育节目达到 20%、教养节目达到 30% 以上"。[④]

尽管西方传媒体制中，商业媒体占据主导地位，媒体呈现出多种功能，如政治功能、信息功能、娱乐功能等，但是，少有国家不重视教育功能，陆地的研究表明，"在欧洲的部分国家和许多发展中国家，电视（特别是公共电视）还赋予了强大的教育功能，如要求电视机构必须制作和播出一定比例的教育节目，以弥补大学教育和家庭教育的不足"[⑤]。在国际上，尽管以独立组织形态存

---

①－④ 郑洁、高昊/文，"日本 NHK 教育频道的发展启示"，《电视研究》，2013（4）。

⑤ 陆地/著，《中国电视产业的危机与转机》，中国人民大学出版社，2002 年版，第 22 页。

在的教育电视机构并不多见，但是，教育功能却未被商业媒体所取代，如韩国的 KBS、美国的 PBS 是独立的公共教育媒体等。但是，资方的影响却仍然存在，美国媒体的发展也证明了这一点，尽管美国公用媒体①（Public Broadcasting System，PBS）的经费来源渠道较多，但也受到资方的干预，赵月枝的研究认为，"倘若以前人们因 PBS 大量接受石油商的赞助而冠之以'石油广播公司'（Petroleum Broadcasting Corporation）别名时，还有点轻松揶揄之意的话，现在评论界和学术界关于 PBS 受商业集团利益影响的话题就不再是轻松的了。在它播出的节目中关于正面宣传政客和大商业集团的节目内容越来越多，一些获奖的纪录片由于对政治现状，尤其是对商界的批评而无法播出。"② 传媒管理制度的制约性由此可见一斑。

如上分析，显而易见的是，在中观和微观层面，上述国外媒体的管理理念与具体做法，对我国教育电视媒体公益性内涵阐发、媒体服务内容以及发展策略均能够带来一定的启发和借鉴作用，而在宏观层面，囿于社会制度的根本差异所导致的媒体制度规定性却是难以融通或效仿的。

四、理论基础

本研究借鉴和参考的主要理论包括：社会学理论、公共服务理论、传播学理论、系统论、信息论和市场营销理论等。

事实上，无论是广电媒体还是教育电视媒体，都在一定程度上营造某种媒介环境或者信息环境，媒介已经如影随形般成为社会环境的一部分，世界也因而由物质、能量和信息构成。在研究媒体时，不能孤立地把媒体本质、本身作为研究对象，而必须考虑媒介与社会的各种关联和相互影响关系。知名中国问题专家郑永年教授认为，"信息是现代国家权力最为重要的资源，更是中央政府

---

① 美国的公用电视制度是一种典型的非商业、非营利的公共性制度安排，其最终目的是为了实现公众利益而非商业目的，其社会理想是扮演商业所无法实现的那些公共角色。

② 转引自赵月枝/著，《传播与社会：政治经济与文化分析》，中国传媒大学出版社，2011 年版，第 114 页。

权力的资源。"① 以此推理，教育资源（包括教育信息资源）是国家提升公众基本科学文化素养的重要资源之一，也是提供公共服务的内容之一，是促进中华文化复兴，提升国家软实力的重要方面。这就使得教育电视媒体责无旁贷地成为价值、知识和信息的重要传承平台之一。

教育电视媒体是传递社会遗产的重要渠道之一。根据美国传播学者拉斯威尔的传播结构功能主义逻辑，"考察任何国家的传播过程，我们都看到三种专门人员。一种调查整个国家的政治环境，另一种使整个国家对环境的反应相互联系，第三种把一定的反应方式从老一代传给年青一代。外交官、使馆人员和驻国外记者是第一种人的代表，编辑、国内记者、新闻发言人是国内反应的联系者，家庭和学校的教育者则传递社会遗产"②。这种结构功能主义理论是冷战时期建立在社会控制意识之上的，可以说已经有些过时，然而，其分析方法仍然有着时代的意义，尽管通过传播进行社会控制和大众劝服依然是传播机构想达到的目标之一，但是，在新媒体时代，这种愿望常常会落空或者适得其反。为此，媒体提供公共服务过程中，要有赋权意识而不是控制意识，则成为媒体必然的选择。

事实上，尽管公共服务思想源于西方，但是，这种思想已经深入影响到我国政府管理机构设计、公共事业发展等公共服务诸多方面。一般认为，西方公共服务思想的源头为20世纪80年代兴起的"新公共管理"、"政府再造"及在反思"新公共管理"的基础上兴起的"新公共服务"运动。这些学说从不同视角和层面为公共文化服务的发展提供了理论指导。③ 公共服务思想的前提是政府作为"经济人"的假设，也即政府施政也是一种经济行为，其决策和执行过程也常常趋向于对自身有利而不一定全是为了公共利益，因此必须建立相应的规则，以免公共利益受到损害。西方新公共管理理论的基本观点有④：（1）政

---

① 郑永年/著，《改革及其敌人》，浙江人民出版社，2011年版，第115页。郑永年现为新加坡国立大学东亚研究所所长。

② ［美］哈罗德·拉斯威尔/著，《社会传播的结构与功能》，张国良/主编，《21世纪传播学经典文本》，复旦大学出版社，2003年版，第201页。

③ 曹爱军、杨平/著，《公共文化服务的理论与实践》，科学出版社，2011年版，第21页。

④ 曹爱军、杨平/著，《公共文化服务的理论与实践》，科学出版社，2011年版，第36页。

府作用是"掌舵"而不是"划桨",政府应该将市场机制、公共权力机制和社会自治机制结合起来治理;(2)公共组织和私人组织具有相同的管理属性,主张引进市场竞争机制和私营部门成功的管理经验和方式;(3)政府不再是高高在上、自我服务的官僚机构……公众是政府的"顾客",政府服务应以"顾客"为导向,增强对社会公众需要的回应力;(4)公共管理部门应从重视"过程与投入"转向注重"结果与产出";(5)重视公共人力资源的管理与开发。建立科学的绩效考核与管理机制,提高公共资源使用效益。正如曹爱军等人认为的,"公共文化管理中引入新公共管理理论,使得管理实践中公民导向再次凸显,'公平性'、'民主性'和'服务对象的最大满意度'成为公共文化行政追求的目标。"[1] 在研究西方公共服务基础上,曹爱军等人提出了我国公共服务的一些基本原则[2],这些原则包括:公益性——确立公共文化服务体系的基本定位问题;公平性——是公共文化服务体系的一般游戏规则;参与性——充分尊重公民在公共事务中的参与权和自主进行文化创造的权利。上述种种结论或观点对本研究都有一定的启发和借鉴意义。

五、研究假设与研究内容

围绕教育电视媒体发展,本研究提出如下假设:(1)教育电视媒体为公共服务的有机组成部分,公益属性为其本质属性,是与媒体政治性、经济性相对应的第三种本质属性;(2)提供公益性公共教育资源服务为其发展方向,公益性主要体现在公益媒体制度安排、媒体公益思想、公益传播内容和公益媒体行动诸多方面。本研究确定的路径是,以媒体发展的纵向分析为主,横向比较分析为辅,构建分析研究框架,设定具体研究内容。

1. 基本分析框架的设计

基本内容与分析框架如图 1-1 所示,框架所涉及的路径也是主要研究内容。

---

① 曹爱军、杨平/著,《公共文化服务的理论与实践》,科学出版社,2011 年版,第 38 页。
② 曹爱军、杨平/著,《公共文化服务的理论与实践》,科学出版社,2011 年版,第 78 页。

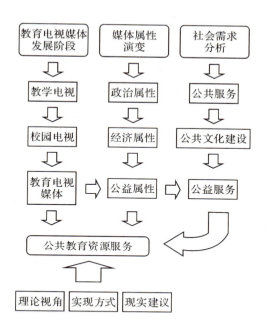

图 1-1 基本内容与分析框架

总体上，研究是按照三条分析路径进行的。（1）分析教育电视媒体演变轨迹，即"教学电视"——"校园电视"——"教育电视媒体"三个历史阶段；（2）分析不同历史年代媒体本质属性，即在"政治属性"——"经济属性"——"公益属性"三个主要属性中，分析不同阶段中媒体公益属性的呈现方式；（3）分析在不同的历史阶段中，社会需求和制度安排对媒体呈现功能的影响，即按照公共服务——公共文化建设——公益服务"的"结构—功能"逻辑进行。在三条路径的交叉与叠加中，分析和论证教育电视媒体公益性基因为其公益性的根源，在此基础上，讨论实现教育电视媒体公益性的制度规定、内容定位和运营评估等。

无论是社会处于单一媒体形态还是进入全媒体时代，本研究认为公益性教育资源服务为教育电视媒体发展方向，这是社会需要决定的。为此，公益性分析是本研究的核心与重点。其一，分析不同历史时期，公益性的不同表现方式；其二，分析在公共文化建设和文化体制改革背景下，我国广电系统电视媒体的公益性表现以及教育电视媒体公益性的凸显；其三，剖析国外公共媒体制度的核心理念，通过国内外比较，发现我国社会转型和公共服务需求上升，对教育电视媒体发展所带来的启示和发展机遇。

2. 三个传播时代的划分与公益性剖析

本研究认为，"公益"的内涵是随着时代发展不断变化的。为了研究的方便，以媒体的显著本质属性为标志，划分中国电视媒体发展的三个传播阶段，也即新中国成立前至改革开放前的政治传播时代、改革开放后约30年的经济传播时代和即将到来的公益传播时代。

政治传播时代公益性剖析。政治传播时代，中国共产党为了推翻旧社会、解放全中国而夺取政权，党的媒体的公益性就体现在夺取政权、发动群众和宣传主张三个主要方面，这是媒体公益性的发端。

经济传播时代的公益性流变。改革开放后，党和国家以经济建设为中心，媒体功能开始分化，属性表现多元化。期间，政治性与经济性呈现出博弈状态，表现为社会效益与经济效益的冲突，经济性与公益性也呈现出博弈状态，表现为经济效益与社会责任之间的冲突。在公共文化服务提出以后，广电媒体身份的纠结状态和媒体管理制度的复杂性及短期性矛盾，得以部分消解，其公益性得到提升。

公益传播时代的内涵探究。以教育电视媒体为依托，建立和完善我国公益性媒体资源平台，探讨其制度安排、媒体本质、核心内容、未来走向等方面。这对中国而言，是具有中国特色社会主义精神文明建设的内在要求，对世界媒体生态则不失为制度创新贡献。

当然，上述划分方法并不意味着在各个历史阶段中，媒体只有单一的属性，而是指媒体因社会发展背景的历史变迁，其属性上升到显性特征的传播现象，分析公益性是如何从隐性属性演变为显性属性的。通过历史角度分析，论证公益性既不是凭空提出，也不是"贴标签"，是有着历史发展缘由和脉络的，以进一步提出和论证教育电视媒体公益性为由公益思想、公益内容和公益行动组成的三维结构。

再者，三种划分方式更不是绝对的，仅仅为研究的需要或角度，并不意味着，在三个阶段中媒体属性相对独立存在，事实上却是同时存在的。尤其是在公益传播时代，也仅仅针对于教育电视媒体而言，对于庞大的广电媒体系统，由于其复杂的频道设置、功能分配，集团化的管理格局，情况要复杂得多，因而不可妄加推及。

3. 社会需求变化与新媒体技术引发的媒体平台发展趋向

当今社会，所有媒体均不同程度地受到新媒体技术的影响，教育电视媒体也不能例外，人们生活、工作和学习各方面的媒介接触方式发生着巨大变化。学校、家庭和社会对基于新媒体技术所提供的服务方式、内容等方面需求的变化，使得教育电视媒体不得不与新媒体"联姻"，并衍生出新的媒体生存形态和法则，以至媒体规制的相应变化。这是人与媒介关系变化的历史潮流，即"人—媒"关系由人的被动接受转向主动选择，更进一步转向通过媒体表达自身需求，参与社会公共事务。对于教育电视媒体而言，必须从"向社会公众提供以电视节目为主要内容的频道"向"提供综合教育资源服务的平台"转型，否则，将可能被公众所遗弃，被其他媒体所取代。我国媒体管理高层早已认识到这一点，为此，国家新闻出版广电总局局长蔡赴朝提出，"要充分发挥资源优势，积极拓展网络报刊、网络广播电视、手机报刊、手机电视、移动多媒体等新兴领域和新兴传播阵地，使新兴媒体成为传播社会主义先进文化的新阵地、提供公共文化服务的新平台、人们健康精神文化生活的新空间。"[①] 显然，这样的要求并不能理解为仅仅针对广电媒体而言，教育电视媒体安能置之度外？只是侧重点不同罢了。

六、研究方法与研究价值

本研究将本着唯物史观和马克思主义新闻观，在共产党新闻观基础上，以

---

① 蔡赴朝/文，"发展现代传播体系，提高社会主义先进文化辐射力和影响力"，《人民日报》，2011 – 11 – 7。

辩证的方法，通过详细考察和分析中国政治、经济与社会发展的脉络，厘清在中国共产党成立后的各个社会发展时期，媒体在社会、文化、教育发展中的作用，分析和探究教育电视媒体在媒体行业和教育事业中的应有坐标，为研究假设提供论据支持。研究过程中综合运用了如下几种研究方法：

1. 观察法与归纳法。通过研究者自身在教育电视媒体中的实践，观察所在媒体在频道定位和节目编播指导思想的变化，以及对公众所产生的影响等社会效果，归纳出具有理论价值的内容，并加以高度概括，分析并推及媒体与政治、经济、文化和公益的内在关联性。

2. 文献分析方法。查阅分析国家相关部门对于媒体管制的变化历程，剖析对媒体外显属性的影响，并通过阅读他人针对广播电视媒体公益性研究与活动的记述，分析和总结媒体所处的复杂制度环境和社会环境，从而梳理出媒体与社会诸多关系主要方面的论据。

3. 比较分析方法。综合运用比较分析和媒介社会学的方法，从媒体功能变迁与社会变迁的相互影响角度入手，察看公益性在媒体功能变迁中或隐或现的发展历史，尤其是在与国外公共媒体制度理念及运作比较基础上，透析教育电视媒体如何能成为纯公益性媒体的社会发展要求和历史必然。

4. 问卷调查和深度访谈方法。仅仅是理论推演、社会和政策分析显然是不够的，本研究通过会议、邮寄、电邮和传真四种方式向全国城市以上教育电视媒体发放调查问卷，并借助中国教育电视协会主办的两次会议（济南会议：2012 年 11 月 3 日至 4 日，扬州会议：2012 年 12 月 26 日至 28 日）机会，访问了 20 多位与会的台级领导，与他们进行了深入的讨论，以了解准确的现状和发展思路，使本研究建立在扎实的调研基础之上。

文献分析表明，一方面，无论是学术界还是媒体，对理论研究均未能给予充分重视。当然，这跟近些年来教育电视媒体发展式微有一定的关系，反过来，理论研究的滞后也没能为其发展提供帮助，这与国家教育部主管部门没有加强调研与管理也有一定关系。另一方面，在日趋激烈的媒体市场竞争中，在媒体制造的全民娱乐狂欢中，许多电视媒体滑向了"三俗"的泥潭，难以自拔，某些教育电视媒体也未能把握住立场和方向，跟在广电媒体后亦步亦趋，并渐渐偏离原有的轨迹，甚至迷失了自我。

建立完善的传媒产业市场已成为国家层面的决策。尽管中国媒体存在这样或那样的发展问题，然而，没有媒体市场，就没有中国媒体的今天，如果还停留在计划经济时代，可以想象今天的媒体行业会是什么局面。为此，中宣部改革办黄志坚副主任发表文章指出，"电视媒体的发展，只有将自己摆在当代中国经济社会发展的大局中，摆入文化事业、文化产业发展的大格局里面去考虑，才能找到最合适、最有利的位置。"① 这就是说，只有把媒体纳入经济文化产业发展的大格局中，建立既符合国情，又与国际接轨的产业市场，中国媒体才可能有更好的未来。

有研究者分析国际传媒发展的历史，并认为"实际上，国际通行惯例视广电业整体为产业系列，一般只保留个别非营利实体为公管或公益台，这早已是不争的事实"②。但是，国际媒体产业发展的经验也提醒我们，产业化并不是完全的自由竞争，适度竞争是又好又快发展的前提。这是因为，一方面，无论是在资本主义制度还是社会主义制度环境中，一旦广电媒体的运营进入某种商业产品生产逻辑，那么，情景将会是"以广告收入为主要经济来源的媒体所生产的商品不是广播电视节目，而是受众这一特殊商品。节目只是提供给顾客的免费午餐，目的无非是要将观众吸引到节目上来，再把观众的眼球注意力卖给广告商"③，唯利是图的局面将可能出现，另一方面，自由竞争的最终结果必然是带来垄断，这是资本本身固有逻辑决定的。为此，有限制的自由竞争将可能是最好的制度安排。

这也提醒我们，作为研究者和媒体实践者，如何看待教育电视媒体与媒体市场的关系？换言之，利用市场手段的同时，又如何与之保持一定距离？如何在教育电视媒体运营中确立和保持公益本质？为此，本研究从电视媒体发展历时性分析入手，探究其功能和属性的演变规律，尤其是深入探讨教育电视媒体

---

① "文化体制改革与电视发展"，《电视研究》，2011（12）。

② 朱剑飞、秦空万里/文，"事业单位改革路线图对中国广电业的昭示"，《现代传播》，2011（10）。

③ 赵月枝/著，《传播与社会：政治经济与文化分析》，中国传媒大学出版社，2011年版，第12页。

公益性这一独特的媒体现象，提出和论证教育电视媒体之公益性与其他电视媒体本质差异性以及内涵所在，并就如何实现教育媒体公益性以及评估方式、如何把握公益性与政治性、经济性等相应的关系，提出独到的见解，以期为教育电视媒体健康持续发展指出明确的发展方向，为教育电视媒体走出困境提供思路，为政府相关部门制定发展策略提供理论依据，从公益传播角度为大众媒体传播研究开辟新的领域。

第二章
公共文化建设中教育电视媒体分析

2002 年，党的十六大明确提出要"完善政府的经济调节、市场监管、社会管理和公共服务职能"。从那时起，公共服务不仅成为一种共识，更成为一种行动，政府更加重视公共服务体系建设，加快健全覆盖全民的公共服务体系，全面增强基本公共服务能力。公共服务既是政府由管理向服务转型的需要，又是加强社会建设并向着民主富强国家发展的重要途径和内容，也是中华文化全面复兴的社会基础。作为公共服务重要组成部分的公共文化建设，是经济社会发展到一定阶段的必然要求，是党和政府回应社会要求的制度性安排和调整。在这样的背景下，教育电视媒体迎来了新的发展机遇和空间。教育电视媒体在此历史阶段中应当承担独特的功能，发挥不可替代的作用。

第一节　公共文化建设是社会
发展阶段性的必然要求

新中国成立后，中国社会走过了"政治挂帅"、"以经济建设为中心"两个社会发展时期，现正进入建设"五位一体"、"实现社会主义现代化和中华民族伟大复兴"的新时期。在每个历史时期中，媒体承担着不同的功能，完成党、政府和人民赋予的不同任务。很显然，现阶段由于社会发展重心的转移，曾经作为权力延伸部分的媒体，被归入文化行业，不仅要完成政治宣传任务，而且也要生产精神产品，其功能呈现出多元化的态势。

尽管在共产党的新闻理论体系中，"喉舌论"仍然居于支配地位，但是，在党和国家体制改革的顶层设计中，已经把文化行业划分为"文化事业"和"文化产业"两个部分，并提出了不同的发展目标。事实上，目标的确立源自于人民群众物质生活水平提高的同时，精神文化需求的高涨，直接的推动力则来自于中央高层对我国社会发展的精确把握，恰如郑永年教授所认为的，"中共十六大以来，意识形态复兴的努力表现得更为明显，有关方面正在努力构建一个以'和谐社会'概念为核心的新意识形态"[①]，文化行业发展目标的设计就是这种意识形态的具体体现。就广播电视媒体而言，媒体仍为事业属性，运营可按市场模式。那么，究竟文化事业和文化产业的划分，意味着什么呢？

一、文化事业的公益性

文化事业最重要的特征为公益性、公共性。

所谓公益性，意味着基本的公共文化服务需要政府来提供，如同警察、国防和公共交通等一样，政府提供的此类文化服务基本上是免费的，或者是低收费，具有普惠特征。为什么必须要有公益性文化事业？或者说，不能所有文化服务都以市场方式来配置呢？这是因为，中外社会发展历史已表明，市场配置资源会导致社会出现不公平。公益性文化事业是消除社会资源分配不公，实现社会公平的重要方面之一。社会不公表现在很多方面，正如陈正良所总结的那样，"公共服务供需不对接，公共服务的提供更多向富人倾斜，且常常体现'以钱为本'，难以体现提供真正的公共服务。"[②] 具体到媒体行业，某些媒体在利益驱使下，追求"三高"（高学历、高收入、高消费）社会群体喜欢的节目，严重背离了媒体作为社会公器应当提供公共服务的根本宗旨。

公益性文化事业是为了满足广大人民群众的基本文化需求，具有基本性、

---

① 郑永年/著，《改革及其敌人》，浙江人民出版社，2011年版，第82页。
② 陈正良/著，《中国软实力发展战略研究》，人民出版社，2008年版，第182页。

均等性、便利性的特点。基本性，如同百姓生活中的油盐酱醋茶一样，是须臾不可缺少的基本文化需要；均等性，就是不分区域、城乡、贫富、男女、老幼、户籍，人人都能够享受到的服务；便利性，就是文化场所的设置、空间的规划要以群众最方便为出发点。有学者认为，"公益性是公共文化服务区别于一般经营性文化服务的本质特征，也是公共文化服务体系建设的根本原则。遵循公共文化服务的公益性原则，公共部门有责任为公众提供免费或优惠的公共文化服务。"① 无疑，这些论述能够作为教育电视媒体本质属性内涵的理论基础。

那么，究竟如何理解公益性？表面上看，公益性就是有关组织向社会提供免费产品与服务的外在表现形式。在我国，媒体频道资源为国家所有，也就是公有，决定了其必须为公众服务，不能为私人或特定团体服务。具体到教育电视媒体而言，若从理论上分析，其公益性可从以下两个方面理解：一是社会公有性。教育电视媒体是依靠政府主管部门持续不断地投入，设立和维持运营的，教育经费为国拨经费，这些经费来自于纳税人的税金和企业利润，教育电视媒体本身即为全民所有，或者社会公有。二是社会共享性。既然是公有，教育电视媒体就必须为全体公民提供产品和服务，而不是只为可能带来高收视的群体或利益团体服务，更不能在服务过程中，对某些群体带有偏见或被忽略。

公益性文化事业是保障人民群众基本文化权益的主要方式之一。众所周知，群众基本文化需求也是不断变化的，当前，群众基本文化需求与权益包括看电视、听广播、读书看报、进行公共文化鉴赏、参与公共文化活动等内容，在农村还包括每月一场免费电影等。显然，教育电视媒体服务应当列入基本文化需求权益范围内，而不应当进行市场化经营，更不能成为纳税企业。

二、文化产业的多样性

显而易见，文化产业意味着主要由具有经营性的企业构成，现阶段，部分事业性组织也有一定的经营性行为。

---

① 曹爱军、杨平/著，《公共文化服务的理论与实践》，科学出版社，2011 年版，第 74 页。

所谓经营性就是企业主体按照市场的需求，发挥市场配置文化资源的积极作用，向社会提供能够获得利润的文化产品和服务。经营性文化产业具有分众性、市场性、营利性的特点。分众性，就是经营性文化产品和服务主要满足一部分公众的文化需要；市场性，就是文化企业主要依靠市场融资、生产和发展，依赖其供应市场的文化产品和服务生存；营利性，就是经营性文化产品和服务要有一定的营利空间，才能够实现再生产或扩大再生产。

文化产业是为了满足广大人民群众的多样性文化需求。随着我国经济社会的快速发展，人民物质生活水平显著提升，与此同时，精神文化需求高涨。然而，基本公共文化服务却是短缺的状态，且因生活水平的差异性，对文化也产生各种各样的需求，呈现出个性化、多样性和多元化的特点。这些需求只能依靠丰富多彩的市场化的产品和服务来满足，因为，公共服务的资源是有限的，较低层次的，只能满足基本的，共性化的要求。

满足个性化的、层次较高的要求，势必要有更高的经济投入，市场化可以有效解决成本问题。只要有需求，在满足需求的同时，能够带来足够的利润，无论市场多小，这种市场都有存在的价值。因此，发展文化产业是在社会主义市场经济条件下，满足群众多样化精神文化需求的重要途径。多样化文化需求是产业分工、阶层分化、文化教育不同、职业差别所带来的文化需求多元性。这是社会进步和发达的重要标志之一。

现代化社会，仅仅有市场化的文化产业是不够的。有研究者指出，"根据经济规律，文化产业虽是以实现自身利润最大化为主观目的，可客观上却也同时起到了用文化产品满足人们文化需求的正面社会效应。但这并不代表努力发展文化产业就能够带动公共文化服务的发展。"[①] 换而言之，没有政府这只"看得见的手"大力推动公共文化服务，多数人的基本文化需求是被忽略的，文化行业必定也是不健全的，为此，只能依靠基本公共文化服务满足要求。正如研究者们所认为的那样，"提供公共文化产品和服务主要是政府的职责，政府的优势在于通过政府权威保证公共文化产品与服务的充分、公平供给。市场的优势是

---

① 江逐浪/文，"中国公共文化服务事业发展中的几个内在问题"，《现代传播》，2010（5）。

可以实现公共文化资源的更为有效的配置"[①]。市场这只"看不见的手"与政府这只"看得见的手"相互配合，才能实现公共文化需求个性化和共性化的协调满足。

从如上的社会发展背景分析可以得出这样的判断，教育电视媒体从1980年诞生，以远程教育的面目出现，尤其是利用卫星手段实施全国范围内的远程学历教育，属于有一定控制性的定向教育传播，取得的传播效果可进行教育测量，但是，大约20年后，随着全国九年义务教育的完成，远程教育任务不再重要，其媒体传播属性日益显现，尤其是伴随着社会公众对公共文化服务需求的旺盛，其媒体功能面临调整，运营面临转型，属性出现变化，即将进入一个全新的发展时期，其转型机遇悄然到来了。

三、公共文化建设的社会功能

任何社会制度下，政府和社会都承担着一定的提供公共产品和服务的职责，当然，政府和社会发挥的功能大小和范围有所差异，公共文化产品与服务是社会公共产品的有机组成部分。公共产品和服务的范围和内容包括提供公共设施、发展公共事业、发布公共信息，其目的是为社会公众生活和参与社会政治、经济、文化活动提供保障和创造条件。从这个意义上讲，公共文化产品和服务，包括公共文化设施建设，发展文化生产力，发表公共文化信息，为社会文化生活和文化活动提供保障、创造条件，为社会文化、民族文化的发展和进步提供坚实的基础。

首先，提供公共文化服务是为了维护公众基本文化权益，满足精神需求。

物质文明与精神文明必须协调发展，才是构成和谐社会的基础条件。我国改革开放30多年来，物质文明得到了极大地提升，但是，精神文明却没能与物质文明同步发展。精神文化需求的急剧提升，更加对基本文化权益提出了现实的要求，市场配置尽管起到一定的作用，但是，政府和社会应当更加有所作为。

---

① 曹爱军、杨平/著，《公共文化服务的理论与实践》，科学出版社，2011年版，第133页。

原国家广电总局王太华局长指出，"构建覆盖全社会的公共文化服务体系，体现了广大人民群众的根本利益和共同愿望，事关社会主义现代化建设的全局。我们必须从全局和战略的高度，充分认识这一举措的重要意义。"①

在现代社会中，享有公共文化服务是公众文化权益的组成部分。所谓文化权益，在国外被称为文化权利，简单说就是人们通过文化活动获得利益的权利。在国际上，有人把文化权利理解为"受教育的权利、文化认同权、文化信息权、参与文化生活的权利、文化创造权、享受科学进步的权利、保护作者物质和精神利益的权利、国际文化合作的权利"②。当然，还有更多的人对此概念提出自己的理解与看法，总之，国际上并没有统一的定义，事实上，也不可能有一个标准答案，这是由于国际上不存在统一的文化认知，且权益也涉及法律规定，国与国之间差别巨大且更加复杂。在国内，李庆霞认为，"文化权益就是人们满足精神需要的权利，包括文化创造权、文化享有权、文化传播权、文化选择权等。"③ 也有学者认为，文化权益包括"享受文化成果的权利、参与文化活动的权利、开展文化创造的权利以及对个人进行文化艺术创造所产生的精神和物质上的利益享受保护的权利"④，这是比较典型和具有代表性的认知。当然，还可以举出更多人的理解与定义，归纳而言，"享受文化成果、参与文化生活、开展文化活动、接受文化教育、保护文化产权等文化权益"⑤ 是核心的内容，得到比较一致的认可。

尽管享有公共文化服务是公众的文化权益，体现为公民的法律权利，但是，在任何一个国家，在不同的社会发展阶段中，社会资源总是有限的，能够向公众提供的公共文化服务当然也就是有限的，因此，公共文化服务可以向不同的公众层次提供相应的文化服务产品和内容，当然方式有所差异。党的十七大报告中提出，要"使人民基本文化权益得到更好保障"，这意味着政府主导的公

---

① 闫玉清/文，"充分发挥广播影视在构建覆盖全社会的公共文化服务体系中的作用"，《求是》，2007（15）。

② 陈瑶/主编，《公共文化服务：制度与模式》，浙江大学出版社，2012年版，第13页。

③ 李庆霞/文，"社会转型期文化权益的实现途径和保障机制"，《思想政治教育研究》，2009（5）。

④ 陈瑶/主编，《公共文化服务：制度与模式》，浙江大学出版社，2012年版，第13页。

⑤ 陈瑶/主编，《公共文化服务：制度与模式》，浙江大学出版社，2012年版，第14页。

共文化服务应当是基本的那一部分。那么，"基本"的内涵是什么呢？

有研究者认为，其"判断标准应当与特定时空的社会物质生活条件保持一致，否则，人们在文化生活领域的美好追求就只能是一种激情的宣泄，而不会成为一种应有的利益"①。因此，基本文化权益就是"作为较低限度一种相对公平的面向普通大众的文化权益"，与社会成员的基本社会统计学属性如年龄、收入、区域、职业等没有关联，不受其约束，也不会按照此因素有所区别，否则，公众的基本公共文化公益就受到了侵犯或剥夺，出现政府不作为甚至违法的现象。

其次，提供公共文化服务也是提升国家文化软实力。

有学者认为，"国家实力有四个主要方面，即军事、经济、技术和文化。它们合在一起造成决定性的全球政治影响力。"② 全球一体化，带来的不仅仅是经济、军事等硬实力的竞争，或者说，全球新秩序不再单纯以硬实力体现国家地位和作用，而更加以软实力的方式呈现，包括一个国家的文化、价值观以及一切能够以符号呈现的文化产品与作品等，也即文化行业整体水平。正如陈正良所认为的，"文化事业以非经营性的意识形态文化建设为主，提高全民族思想道德素质和科学文化素质是其价值取向。"③ 物质文明只能让生活更便利，只有精神文明才是塑造国民的根本，文化是一国国民区别于他国国民的标志，是民族自信的来源。陈正良归纳认为，"一个国家如果在文化上不自信，妄自菲薄，而倾向于对别的强势文化进行认同，那么就等于放弃了'自我'和'自我'价值，也就失去了'主体性'"④，一个国家或民族若失去了主体性，就意味着没有了独立性，跟消亡也就没有了根本差别。

再次，提供公共文化服务可消减区域文化不平衡，促进地区协调发展。

当下，我国的社会发展目标是共同富裕，在全民小康基础上，实现中国梦。这就意味着要逐渐在发展中消除物质和精神诸多方面的不均衡，不平等。众所

①　陈瑶/主编，《公共文化服务：制度与模式》，浙江大学出版社，2012 年版，第 15 页。

②　［美］兹比格涅夫·布热津斯基/著，中国国际问题研究所/译，《大棋局》，上海人民出版社，1998 年版，第 33 - 34 页。

③　陈正良/著，《中国软实力发展战略研究》，人民出版社，2008 年版，第 141 页。

④　陈正良/著，《中国软实力发展战略研究》，人民出版社，2008 年版，第 109 页。

周知，人类社会进入知识经济社会以后，文化超越资本成为主导世界的重要因素，同时，也为国家提供发展的后劲。文化是一种发展动力，又是一种发展资源。尽管主导世界的是精英文化，但是，公共文化是精英文化产生的基础和土壤。试想，贫瘠的公共文化之上如何产生精英文化？如何能够产生在国际上参与意识形态竞争的文化？为此，大力发展公益性公共文化服务是基础性社会工程，更是消除地域间文化差异的重要步骤，是构建和谐社会的重要元素之一。有研究者指出，"公益性文化事业在满足人的公共文化服务需求时，为经营性文化产业提供了丰富的文化资源、创作源泉，培养了高素质的创作队伍和消费群体，完善了文化发展的基础设施。"[①] 显然，公益性公共文化建设更是社会稳定和发展的根基。

文化事业和产业又不是能够截然分开的。从社会管理角度，政府把文化事业和文化产业加以区别对待，学界也把文化事业和文化产业分别分析与研究，但是，在社会实践中，"公共文化服务着眼于社会效益，以非营利性为目的；文化产业以发展产业、提高利润为目的，二者的关系看似有很明显的差异，但实际上却又非泾渭分明"[②]。这主要是因为，随着社会的发展，公众需求发生变化，公共产品和服务内容方式也会随之升级和相应调整。产业性的部分可能演变为事业性部分，譬如，近年来，我国的博物馆、图书馆免费等；事业性的部分也可以演变为产业性部分，如广播电视制播分离，新闻出版业的"事转企"改革等。为此，研究教育电视媒体也要有动态的眼光和历史的视角。

第二节　国家对公共文化服务的制度性安排

在我国，公共服务意识并没有太长的历史和传统，伴随着中国共产党的执政理念变化，人民利益高于一切仍然始终作为党的追求和行为准则，然而，公

---

① 曹爱军、杨平/著，《公共文化服务的理论与实践》，科学出版社，2011 年版，第 31 页。

② 江逐浪/文，"中国公共文化服务事业发展中的几个内在问题"，《现代传播》，2010（5）。

共产品的概念和思想意识应当说是我国进入现代社会才有的。我国社会尤其是政府相关层面也是受这种思想意识的支配，才开始关注、研究并在社会管理中探索实施，逐步形成具有中国特色的公共服务体系，并且，这个体系仍处于不断完善的过程中。

一、我国公共服务思想意识演变

应当说，"为人民服务"是我国公共服务思想的源头。按照曹建光的研究，"为人民服务理论成为我国公共服务发展的最根本的理论基点"。[1] 我国几代领导人和理论工作者都对其内涵和发展做出了有益的探索，宪法中也有相关的规定。

早在1945年，毛泽东在党的七大政治报告《论联合政府》中，就系统论述了为人民服务理论，指出党的出发点就是全心全意为人民服务，一切工作都应当从人民的利益出发，而不是从个人或小集团的利益出发。[2] 但是，这种论述看起来更多地表现为政治意识和工作方式，还远没有关联到社会管理的角度。当然，彼时的社会距离建立新中国尚远，中共领导全国解放战争还是主要任务，国家建设与管理问题是不可能提到理论角度加以探讨考虑的。直到改革开放后的1985年，邓小平在全国教育工作会议上提出"什么是领导，领导就是服务"的理念……使得为人民服务理论进一步发展。[3]社会治理、社会管理到社会建设意识开始逐步升级，公共服务思想越来越多地出现在学术场合。党和国家领导人也才从思想层面上认真思考探索公共服务问题。

2000年2月，江泽民同志在广东考察时提出，"只要我们党始终成为先进社会生产力的发展要求、中国先进文化的前进方向、中国最广大人民的根本利益的忠实代表，我们党就能永远立于不败之地……""三个代表"重要思想也是对为人民服务理论进行的更为具体的阐述。所谓中国共产党"代表中

---

① 曹建光/著，《公共服务的制度基础》，社会科学文献出版社，2010年版，第53页。

②③ 曹建光/著，《公共服务的制度基础》，社会科学文献出版社，2010年版，第51页。

国最广大人民的根本利益",就是党的理论、路线、纲领、方针、政策和各项工作,必须坚持把人民的根本利益作为出发点和归宿,充分发挥人民群众的积极性、主动性和创造性,在社会不断发展进步的基础上,使人民群众不断获得切实的经济、政治、文化利益。为此,公共服务建立在这样的政治观念和相关法理基础之上,显然与西方公共媒体服务所依赖的"公共空间"理论有着本质的区别。

我国《宪法》第十四条第三款有这样的规定:"国家合理安排积累和消费,兼顾国家、集体和个人的利益,在发展生产的基础上,逐步改善人民的物质生活和精神生活。"但是,此番表述没有区分哪些应当是政府提供的服务,哪些应当是市场提供的服务,甚至哪些应当由社会本身开展自我服务,尽管这三种途径都可以用来改善和提升物质生活和精神生活水平。我们必须承认,一个国家社会发展是有阶段性的,也并不是孤立的,世界上先进的和合理的国家发展模式也会相互影响和促进,不管怎么样,在新中国发展历史上,为人民利益管理国家始终是执政党的追求。

随着我国社会整体转型,中共执政党的使命也在发生重要的转变,这就是"要把自身从一个推动经济发展的政党,转型成为能够为社会的大多数提供基本社会公平和正义的政党。"① 同时,"也开始把提高保证基本社会公平和正义的能力作为提高执政党执政能力的核心"②。党的十六大已明确提出了政府职能包括四个方面,即经济调节、市场监管、社会管理和公共服务,建设服务型政府是其最终目标。党的十八大报告对推进中国特色社会主义事业做出"五位一体"的总体布局,即经济建设、政治建设、文化建设、社会建设、生态文明建设——着眼于全面建成小康社会、实现社会主义现代化和中华民族伟大复兴,其中把文化建设提高到与社会建设同等重要的程度,这是前所未有的,足见全党对文化建设的重视。显然,我国发展新布局的确立和社会发展环境的变迁,文化建设的全面铺开,为教育电视媒体发展提供了更加广阔的空间,那就是通过媒体平台,向社会提供公共文化教育资源产品和服务。

---

①② 郑永年/著,《改革及其敌人》,浙江人民出版社,2011年版,第250页。

二、我国公共服务体系的探究

如前所述，任何社会制度下，政府都要承担或支持相关机构为社会提供基本的公共产品和服务，如教育、卫生、交通、环境、体育等，其中，公共文化产品和服务是其重要组成部分，包括教育电视媒体在内的广播电视行业自然归属其中。这意味着，教育电视媒体平台应当成为为全社会各阶层提供服务的公共机构，而不是单单作为向各级各类学校提供服务的专有机构，因为这与公共媒体平台的大众传播模式是相悖的，换言之，用国家公共媒体资源为特定的学校教育群体提供专门服务，显然是对国家公共资源的巨大浪费，尤其在全媒体时代更是如此。

随着我国政治、经济文化体制的不断发展，人们对公共服务越来越关心，政府也更加重视公共服务的内容和水平。按照胡正荣等人的研究，"公共服务"的理解可以有四个方面：一是从产权意义角度；二是从平等意义角度；三是从公益性和社会责任意义角度；四是从公共意识、公共文化角度。[①] 本研究所持的角度，实际上更加接近于第三个方面，也即媒体服务的公益性和所体现的社会责任角度。从此角度出发，公益性主要表现在"高格调、非商业、重视文化教育和信息服务等节目内容"[②]方面。当然，也与第四个方面密切相关，毕竟，在中国，媒体的意志要受到政府严格的制度管制和意识形态传播控制，没有相应的制度支持和保证，媒体也不可能自由地开展公益性服务。

根据公共需求的不同，有学者提出了我国公共服务可以按照三种类型分别设立管理制度：第一类是政权性公共服务，第二类为社会性公共服务，包括社会就业、社会教育、卫生医疗、文化体育、科技发展等直接关系到人的发展这一需要的服务，第三类是经营类公共服务"[③]。这为中国特色公共服务

①② 胡正荣、李继东/主编，《中国广播电视公共服务体系：目标与实践研究》，中国广播电视出版社，2010 年版，第 64 页。

③ 孙晓莉/著，《中外公共服务体制比较》，国家行政学院出版社，2007 年版，第 9 - 10 页。

提供了思路和解决方式。但是，至于公共服务应当包括哪些内容，却是一个非常难以划分和确定的难题。有学者认为，"公共服务可以界定为以公共利益为目的提供各种物品（包括有形物和无形物）的活动"，并指出，"公共利益是判定公共服务的内在依据，物品只有与公共利益相联系才具有公共服务的特性。"① 对此观点，曹建光评价说，"这一定义是以公共服务活动的目的性作为核心评价指标，而没有限制公共服务的供给主体和服务产品形式，为研究公共服务与经营性业务分开的问题提供了新的思路。"② 本研究认为，公共服务的目标与提供公共服务的供给方式同样重要，两者不可偏废，都对公共服务的结果有影响。

新中国成立后的 60 多年来，尤其是改革开放后的 30 多年中，我国公共服务取得了巨大的成就，公共文化服务体系在传播和继承中华民族优秀文化传统方面发挥了主渠道作用。但是，文化也有其惰性，传统文化既是创新的基础，也可能成为创新的羁绊，尤其是我国社会正处于向现代社会转型的过程中，传统与现代的博弈不可避免，知名中国问题专家郑永年指出："传统儒家文化是农业社会的产物，工业社会尤其是全球化已经掏空了传统文化作为官方意识形态的基础。在很多方面，如对非制度化的人治的强调、愚忠、愚民、歧视妇女等公共政策方面，人们看不到儒家文化适应现代社会的可能性。"③ 他还认为，"传统文化可以复兴和提倡，可以作为一种生活和生命的修养，但远不能作为一个现代社会所需要的意识形态。"④因此，在公共服务体系建立和发挥功能过程中，要"从发展的角度来看，要走出意识形态的贫乏状态，更重要的是要强调共享价值——人类共享的价值。任何一种意识形态不仅要针对内部国民，而且也要考量到其外在影响力。只有整合了内部人民核心价值和外部世界共享价值的因素，意识形态才能得以重建，才会展现出持久的生命力"⑤。因为，意识形态的力量才是最为强大的，能够让世界人民接受和认可的思想贡献，才是民族和国家立于不败之地的最终力量。

---

① 柏良泽/文，《公共服务研究的逻辑和视角》，《中国人才》，2007（3）。
② 曹建光/著，《公共服务的制度基础》，社会科学文献出版社，2010 年版，第 22 页。
③-⑤ 郑永年/著，《改革及其敌人》，浙江人民出版社，2011 年版，第 83 页。

2013 年 3 月"两会"期间，温家宝总理在政府工作报告中指出，"教育和科技在现代化建设中具有基础性、先导性、全局性作用，文化是民族的血脉和人民的精神家园，必须放在更加重要的战略位置。"报告还提出，"政府要履行好发展公益性文化事业的责任，加快推进重点文化惠民工程，完善公共文化服务体系。"我们也看到，全国各地与"公共文化"相关的各种设施正在建设之中，产品门类日渐丰富，服务范围和水平不断提升。

众所周知，在西方政治制度框架下，公共服务体系尤其是公共广播电视往往独立于政府运行，那么，如何在中国一元体制（即党管媒体）的现有格局下，理解和发展我国的公共媒体呢？本研究认为，尽管我国媒体行业既不可能脱离党的领导，也不可能脱离政府的监管，但是，在实际操作中，如果公共广播电视媒体与政府机构（也即政事分开、管办分离）保持一定距离，对提升我国民主政治的透明度，对阐释与宣传党和政府治理国家和社会的主张，比党和政府直管媒体更加客观。公共广播电视媒体根本目标不是为了经济利益，可以在很大程度上免受利益集团直接或间接的干预，更好地为人民服务。事实上，正是由于我国公共媒体制度不健全，社会各界不能够对其进行有效监督，致使不少媒体置公共利益于不顾，屈从于商业利益，如此，既抑制了多样化的公共需求，也掩盖了公众多样化的声音。

2012 年 11 月 8 日，中共十八大报告指出，"公共文化体系基本建成"、"基本公共服务均等化总体实现"，报告对今后的发展也提出了进一步要求："继续推动公共文化服务设施向社会免费开放。建设优秀传统文化传承体系，弘扬中华优秀传统文化。"十八大报告还对广播电视媒体提出"构建和发展现代传播体系，提高传播能力"的具体要求，致力于"完善公共文化服务体系"。由此可见，国家顶层设计的思路已经非常清晰明确。

按照曹爱军等人的分析研究，文化产品可以分为三类①：一是纯公共文化产品，即公益性文化产品。它直接关系到文化主权、文化信息安全或社会稳定，或与国家和民族文化创新、传承直接相关，如国家公共电视台等。二是准公共

---

① 曹爱军、杨平/著，《公共文化服务的理论与实践》，科学出版社，2011 年版，第 23 - 24 页。

文化产品，即准公益性文化产品，包括艺术教育，广播电视等。三是私人文化产品，即营利性文化产品。显然，按照上述逻辑，教育电视媒体应当属于纯公共文化产品和服务提供方，其公益性自不待言，享受其服务属于为全民所享有的基本文化权利，不应因公众的社会地位、支付能力有所差异。当下，由于某些地方主管部门对此问题的认识出现偏差，导致对所属教育电视媒体实行"自收自支"的财政管理制度，把其完全推向市场。其后果必然是，在现实条件下，媒体为了自身生存，难以提供让公众满意的公益服务。

第三节　公共文化服务体系中的教育电视媒体

任何研究都要建立在对社会实践的精确把握之上，否则，研究成果就可能成为空中楼阁，更遑论对实践的指导意义。为此，2012 年，本研究针对全国教育电视媒体基本情况与发展理念展开了问卷调查和深度访谈式调研，以便发现行业问题根源所在，为提出更有针对性的解决思路奠定扎实的基础。问卷调查和访谈借助了 2012 年 11 月和 12 月间由中国教育电视协会主办的两次业内会议进行，现场发放、填写、回收，对未到会的单位采用邮寄和电话方式获得，共发放 44 份，有效问卷 34 份，有效率为 78%，样本基本上能够推及全国总体。问卷题目有三种类型：单选题、多选题和排序题。填写问卷和接受访谈对象多数为台级领导，基本代表了各媒体主导意志。

一、教育电视媒体基本状况调查

问卷结构中的"基本情况"部分，设计了 3 个问题：单位财政体制、单位收入构成和单位员工总数，调查结果如下：

关于"财政体制"，如图 2 - 1 所示。在 34 份有效问卷中，属于"全额拨款"的有 12 家，占 35%；属于"差额拨款"的有 16 家，占 47%；属于"自收自支"的有 6 家，占 18%。这一情况反映出各地媒体的上级主管部门及财政主管部门对教育电视媒体性质的认知差异还是比较大的。根据访谈情况，凡是划归为"全额拨款"单位性质的，即认为其主管部门认为教育电视媒体公益性比较强，也给予比较充足的事业经费给予支持；划归为"差额拨款"单位的占到了近50%，说明其主管部门认为既然媒体能够有条件开展创收，可适当减少经费支持，并且在媒体内部分配方面也更灵活，还可以在一定程度上提高内部职工工作的积极性；划归为"自收自支"的则对媒体产业属性比较看重，公益属性较为淡化，运营方面基本上按照市场逻辑进行。

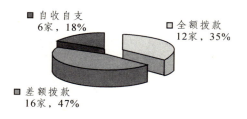

图2-1 教育电视媒体财政体制

关于"收入构成"，如图2-2所示。在34份有效问卷中，财政拨款占总收入50%以上的有13家，为调查单位总量的38%，意味着依赖拨款运营的单位不足总体的一半；广告收入占总收入50%以上的有22家，为调查单位总量的65%，最少的也占到收入的15%，也就是说，一大半媒体对广告收入有较重的依赖；其中有6家无广告收入；有12家有"其他收入"，大约占到总收入的5%–40%之间，为调查样本量的35%，即约有三分之一的媒体可获得其他经济收入。据了解，此类收入多为政府许可性收费和业务服务收费，主要原因是城市教育电视台与电教馆是一体的，资源可以共享。调查显示，没有一家有赞

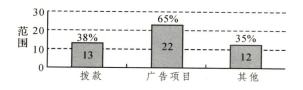

图2-2 教育电视媒体收入构成

助收入，这在一定程度上也说明，教育电视媒体还没有成为有一定影响力的公益事业，得不到来自社会的公益资助。

关于员工总量。200 人以上规模的有 6 家，150—199 人的只有 1 家，100—149 人的有 6 家，50—99 人的有 11 家，49 人以下的有 10 家。也就是说，100 人以上规模的有 13 家，占总量的 38％；100 人以下规模的占到 62％。单就规模而言，如果从区域公共教育文化资源需求角度分析，多数单位规模还是偏小的，仅仅能提供面向学校的资源，难以承担起面向全社会的服务功能。

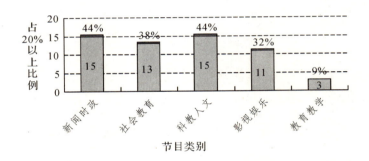

图2-3　节目构成比例

关于节目构成。电视频道播出的节目在很大程度上呈现出频道定位、特色和服务对象。调查结果如图 2－3 所示。全部节目划分为 5 个类别，在总播出时数比例超过 20％ 的类别中，新闻时政类所占比例较大，为 44％，个别频道新闻时政节目甚至高达 50％。本研究认为，作为教育电视媒体，这是不应当出现的情况。调查还显示，社会教育与科教人文两类节目各占到四成左右，有些偏低；而影视娱乐类却占到约三分之一，这是有些偏高的；而仅仅有 3 家的教育教学类占到 20％ 以上，最多的 1 家也只有 34％，却是明显偏低；值得注意的是，在"其他"类中，有约三分之一的单位有此类节目，且比例占到 5％－30％ 之间，这多少有些出乎调查者的判断。据了解，这些节目主要为专题广告和大型活动性栏目等，另外，在教育电视频道中，一类硬广告所占比例是非常低的。

二、教育电视媒体运营理念分析

关于运营理念调查，共设计了 11 个问题，主要了解受访对象对教育电视媒体属性和功能相关理念和观念的认知，以及发展新媒体的态度等。

关于教育电视媒体本质属性，被排在首位的各属性所占比例如图 2 - 4 所示。把公益事业作为首位属性的超过 50%，把教育事业作为首位属性的超过三分之一，两项加起来超过为 85%；以新闻事业作为首位属性的只有 15%，所有回答均认为，教育电视媒体属性不是文化事业或文化产业。由此推断，公益属性和教育功能是最为受到重视的两个方面，而绝大多数频道并没有把教育电视媒体的大众传播属性放在首位，认知方面有些偏差。

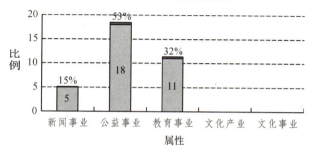

图2-4 教育电视媒体本质属性认知

关于对"公益性作为教育电视媒体本质属性"的认知，如图 2 - 5 所示。认为公益性应该作为教育电视媒体本质属性的占 65%，"不好说"和"一定能"的各占 15%，显然，由于肯定回答比例偏低，而且认为"不可能"的也占到了 6%，说明部分频道对教育电视媒体公益性的认知是不够深刻的，这在一定程度上解释了其对市场经营行为的热衷或许是无奈的选择。

关于如何体现公益性，设计了一道多选题，包括"公益理念"、"公益栏目"、"公益活动"和"其他"四项备选，如图 2 - 6 所示，各项选择比例分别为 71%、59%、50% 和 18%。其中，同时选择前三项的占到 50%，说明一半的媒体认为应当具备公益理念，播出公益节目，同时开展公益活动等，多种途径并用体现媒体公益性。然而，若对比实际播出的节目比例，可看出，这些选项也仅仅停留在理念场面，具体实施的媒体机构比例却不大。

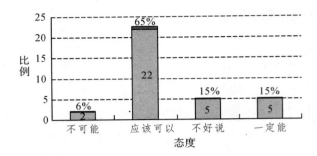

图2-5 对公益性作为本质属性的认知

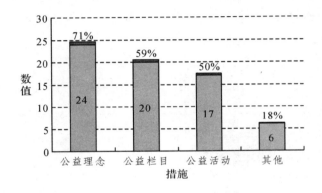

图2-6 对公益体现方式的认知

关于教育电视媒体可否具有产业属性，如图2-7所示，有一半的回答"应该可以"，而回答"一定能"和"不可能"的各占15%，另有21%的回答"不好说"，说明各家媒体对这一问题的认知比较模糊，在实践方面，对教育电视媒体能否大张旗鼓地运用市场手段开展经营活动存有疑虑。

关于对坚持教育电视媒体事业属性的认知，如图2-8所示。没有一家认为教育电视媒体不应当坚持事业属性，说明各媒体不认为教育电视媒体可以实行企业化。回答"不好说"的也只有1家，占3%，回答"必须坚持"的占68%，回答"可以"的也占到29%，两项加起来高达97%，意味着，几乎所有媒体认为教育电视媒体必须坚持事业属性不改变。出现这种情况，研究推断基于两种原因，一是留在公益事业体制内的稳定性；二是对市场经营能力的担忧。这两种理念纠结在一起，形成一种矛盾的心态。

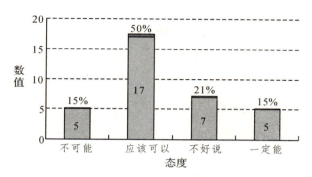

图2-7　对产业属性的认知

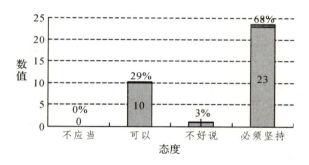

图2-8　对事业属性的认知

关于教育电视媒体与远程教育的关系，如图2-9所示。有50%和15%的回答分别认为与远程教育"密切相关"或是远程教育的"组成部分"，两项占到了65%，显然，这与教育电视媒体源自于远程教育有直接关系；有29%的回答认为"有些相关"，而有6%的认为与远程教育没有关系，这意味着，一些频道认为媒体不具有教育属性，这可能是一种比较极端的想法。

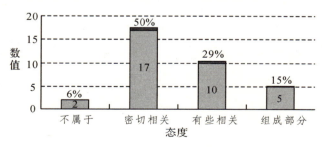

图2-9　教育电视媒体与远程教育关系

关于教育电视媒体与教育信息化的关系，如图 2-10 所示。有 56% 和 12% 的回答分别认为与教育信息化"密切相关"或是其"组成部分"；有 24% 的回答认为"有些相关"，而 9% 的回答则认为不属于教育信息化，或者与教育信息化没有关系。本问题的答案与上一题答案倾向性是一致的，即媒体运营与教育相关或无关，两极态度是并存的。

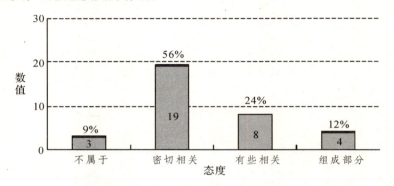

图 2-10　教育电视媒体与教育信息化关系

关于教育电视媒体运营中，如何对待"收视率"这个经常在业界引发争议的敏感指标，如图 2-11 所示。有 65% 的回答认为可以参考使用，超过三分之一的认为节目评估中要有一定要求，两项加起来有 97%，说明绝大多数频道在评估中引入了收视率指标，回答认为收视率没有作用的为"0"，而对此认为"不好说"的有 3%，这说明，在一些频道的评价体系中，客观指标没有发挥作用，管理方面少了一些科学性。

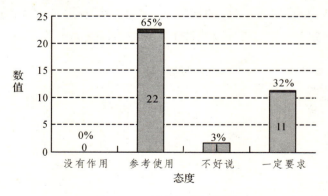

图 2-11　对收视率的评价

关于教育电视媒体与基本公共文化服务事业的关系，如图 2-12 所示。有 53% 的肯定教育电视媒体为基本公共文化服务事业的组成部分，41% 的则认为"在一定程度上"是，两项加起来占到 94%，说明绝对多数频道把教育电视媒体置身于提供基本公共文化服务事业范畴中。认为"不好说"和"不是"的各占 3%，也说明少部分频道对此存在一定的模糊认识。

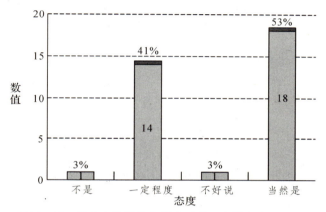

图 2-12　教育电视媒体与基本公共文化服务事业关系

关于对教育电视媒体发展前景的判断，如图 2-13 所示。仅有 44% 的回答认为"前景向好"，回答"只能求生存"和"不好说"的分别为 21% 和 29%，合计为 50%，更有 6% 的回答认为"前景暗淡"，说明教育电视媒体发展状况不容乐观，在社会发展环境发生巨大变迁中，教育电视媒体亟须确立新的定位，找寻新的发展机遇。

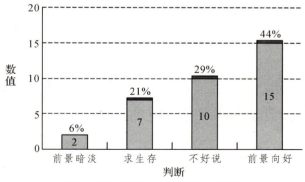

图 2-13　教育电视媒体发展前景

关于如何处理发展教育电视媒体与新媒体的关系，如图 2 – 14 所示。回答"只搞电视"的结果为"0"，有74%的回答认为在发展传统媒体的同时，应当发展新媒体，以拓展新的传播空间和发展方式，更有24%的回答也乐观地认为新媒体发展迟早会超越电视媒体，既显示出对电视媒体的担忧，也表露出对发展新媒体的积极态度，但是，也有3%的回答认为"不好说"，显示出一些频道面对日新月异的新媒体环境所表现出的盲目和不作为。

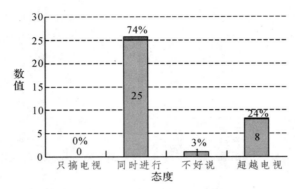

图2-14 教育电视媒体与新媒体关系

调研过程中我们还了解到，2009 年，辽宁教育电视台被以文化体制改革的名义并入辽宁广播电视台，2012 年，江苏教育电视台因涉俗事件被停播整顿后并入江苏广电集团。调查发现，这两起事件对全国教育电视媒体影响颇大。因为政策的强制性，导致媒体管理层（包括其教育主管部门）对教育电视媒体发展的不确定性忧虑增加，对媒体的发展前景无从规划。因此，对作为教育电视媒体最高管理机构的国家教育部（包括国家新闻出版广电总局）而言，到了切实认真考虑和探求教育电视媒体属性、功能和发展方向，采取有效措施促进发展的时候了。

三、公共文化服务体系的重要组成部分

分析了教育电视媒体的发展理念和现状，才能把视野扩展到更大的社会环境中，以探讨教育电视媒体发展方向，那么，公共文化建设与教育电视媒体发

展存在怎样的关联？对相关问题的回答，将影响到对教育电视媒体本质属性的理解，当然也会影响到对其发展方向的判定。本研究认为，尽管从传输手段、传播模式等表象层次来看，教育电视媒体与广电媒体没有什么区别，但若详加分析，就会发现其与广电媒体的诸多不同，也决定了教育电视媒体与广电媒体相异的社会功能、责任和发展方向。

教育电视媒体的发展方向无疑是朝向公益文化事业，公益性是其本质属性之一，即便是其在发展过程中，采取了某些低层次、小范围的市场手段获得些许经济回报，但也只能是弥补再生产所需资源的不足部分，这并不意味着政府可以减少对其投入，更不能成为其本质属性中具有产业属性的证据。换言之，教育电视媒体不应当成为文化产业的一部分，而只能成为文化事业的重要组成部分。这是教育电视媒体与公共文化建设根本目的的内在规定性决定的。

现阶段，人们所形成的基本共识是，公共文化事业是为了满足人们的基本公共文化需求，政府提供基本公共文化服务要通过公共服务渠道和设定基本服务内容，其中，教育电视媒体是重要的渠道选择，这是有其原初的公益性（源自于远程教育）和广泛的覆盖面决定的。教育电视媒体并非学校教育的外围附属组织，开办的初衷即为持续提升国民素养的机构，是为广大公众服务的。国民素养的提升不可能靠阶段性的学校封闭式教育和相对固定的统一课程来完成。早有研究者提出，"在当代综合国力的竞争中，科技竞争是关键，而科技的创新和发展靠的是人才，特别是创新性人才，所以人才的竞争已成为综合国力竞争的核心和焦点。无论创造性人才的培养还是国民整体素质的提高，都要靠文化教育。"[1] 在此，我们无意否认媒体的愉悦人身、放松心情的娱乐内容所带来的正向作用，但是，个别媒体[2]"三俗"的恶搞、游戏人生的所谓娱乐节目，也的确是在"愚乐"观众、麻醉观众，在低层次感官刺激中迷失理想，降低审美情趣，最终的引向就是对理想的麻木以及心灵的荒漠状态。这既有悖于所有媒

---

[1]　陈正良/著，《中国软实力发展战略研究》，人民出版社，2008年版，第111页。

[2]　2012年11月29日，江苏教育电视台因干露露事件被国家广电总局停播整顿，一个月后，该台整体并入江苏广电集团，成为江苏电视台教育频道。

体的社会责任，更不应该出现在教育电视媒体平台中。

中国作为一个具有教育传统的大国，一个具有丰富文化资源的大国，应当并且能够容得下独立的教育电视媒体的存在。毕竟，广电系统所运营的媒体，在"党管媒体"的格局中，其主要的功能是社会动员、引导舆论和提供娱乐，而教育电视媒体与此却几无交集。提升国民素养的长远性公众利益，也足以支撑公益性教育电视媒体的持续性发展，正如陈正良所提出的，"国民素质是中国国情条件下为提升国际竞争力可以发掘的最重要的资源"[①]，同时，"提高国民素质是中国适应 21 世纪知识经济时代发展要求、推进市场经济发展、应对经济全球化趋势潮流的必然要求"[②]，而且，"提高国民素质有利于促进社会的有序稳定，并有利于降低社会管理的成本"[③]，"社会的和谐、经济的进步以及文明的发展均可得益于公民文化素质的提升"[④]。从国家战略考虑，"良好的国民素质是实现国家可持续发展战略的重要保证"[⑤]。如若仅仅是从行业管理角度，把指向公益事业的教育电视媒体与其他指向产业化的媒体混为一谈，那么，既意味着原已科学合理的"事企分开"，一定走向新的"事企不分"的境地，势必削弱基本公共文化服务的渠道，萎缩服务内容，同时，也带来广电媒体的垄断。

四、教育电视媒体的公共文化传播特征

教育电视媒体在提供基本公共文化内容，提升国民素养服务过程中，必然要具有独特的传播视角和独特的互动传播方式，其中，最为突出的应当是把中华文化和价值观作为主体，表现在既有民族性内核，又有国际性视野，符合现代开放社会主流价值观走向，以媒体引领一种具有解释力、激发力和接受性的独特媒体文化。这种文化当然不是媒体人自己创设，而是公众参与过程的共同作用结果，

① 陈正良/著，《中国软实力发展战略研究》，人民出版社，2008 年版，第 239 页。
② 陈正良/著，《中国软实力发展战略研究》，人民出版社，2008 年版，第 240 页。
③ 陈正良/著，《中国软实力发展战略研究》，人民出版社，2008 年版，第 241 页。
④ 曹爱军、杨平/著，《公共文化服务的理论与实践》，科学出版社，2011 年版，第 57 页。
⑤ 陈正良/著，《中国软实力发展战略研究》，人民出版社，2008 年版，第 241 页。

因为，"群众不仅仅是文化的接受者，更应该是文化的创造者，而且文化创造的过程恰恰就是文化传播的过程"①。其文化传播特征具体表现在如下几个方面：

1. 解释力。公共文化必须是能够解释自身的文化。外来文化解释不了自己，完全本土文化也常常是自说自话。因此，能够解释自己的文化既不可能是外来文化，也不应该是完全的本土文化。这是因为，全球一体化使得文化大融合，任何一种本土文化如若不能与他者接轨、相互促进，必然会死亡，系统论早已证明这一规律，并且，若允许大量外来文化拥入，可能会对本土文化造成极大伤害，若本土文化故步自封，也可能出现狭隘的民族主义。某种文化若只能解释自己，而不能为他民族所理解或者接受，也不是一种创新性的文化。就中国的媒介文化而言，长期以来表现为依附于权力生存的文化。中国几千年的文化传统，主流文化就是依附于权力的，以权力为中心的。很显然，由于权力的本质是维护统治的，不是为了革新的，因此，依附于权力的媒介文化本质上也不是创新的，或者说，这种依附性成为文化创新的阻碍因素。教育电视媒体在提供公共文化服务过程中，若能与权力中心保持一定距离，势必为创新性文化注入活力，提升文化解释力。文化的传播目的是让他人理解与接受，否则便失去了传播的意义和价值。教育电视媒体本身崇尚和推广的文化必须具有可理解性，换言之，是用一种他者能理解的文化"语言"加以承载和传播。

2. 激发力。文化的活力在于不断创新。公共文化是社会整体创新的基础。研究者提出，"只有创造者真正想表达的，才可能是最好的东西。应该有一种制度，保障文化创造、表达的权利，这一点上不突破，难以激发文化创造力。"②多年以来，受制于我国媒体管理体制，不同的观念、观点难上主流媒体进行讨论，导致公众智慧难以放大，创新被抑制甚至是扼杀，导致文化创新力不足，模仿风四起。陈瑶等人的研究表明，"在崇尚教育的社会中，每一个公民都有接受教育的权利，在接受不同的文化教育过程中，不断提高自身的文化水平和文化修养，更新自己的知识结构，提高劳动技能，自觉实现民族文化世界化、传

①　陈瑶/主编，《公共文化服务：制度与模式》，浙江大学出版社，2012 年版，第 19 页。
②　韩冰/文，"未来中国的文化愿景"，《瞭望新闻周刊》，2012（46）。

统文化现代化的转换，以适应现代科技更新换代、不断发展的需要。"① 由于知识更新不断加快，人们获得的知识在较短的时间内就会过时，而教育电视媒体却可以把当下最先进的文化、科学、技术和技能知识信息加以传播，并以媒体艺术手段编码，"这种把娱乐活动与接受教育、技能培训和锻炼结合起来的做法，不仅自身受益匪浅，而且有力地促进了社会发展"②。开展文化创造的权益可以具体表现为利用媒体发展能力、参与媒体活动以及与媒体互动等形式，因为媒体既是文化的传播平台，也是文化的创造平台。一如陈瑶所认为的，这种权益还"体现了人民的文化主体地位，反映了社会主义的本质属性"③。

3. 接受性。传播的公共文化内容自然要有令人信服的内涵，也就是易于接受和理解的形式和逻辑，这样的文化传播才可能是有效的、高效的和有力量的。中国媒体要从思想和思维方式的殖民地状态下挣脱出来，建立中国自己的话语体系。这既是国内传播面临新媒体挑战的现实需要，更是参与国际传播新秩序的国家需求。尤其是依附于权力的媒体，在国际传播中备受诟病，难以被信任与接受。教育电视媒体如若能在此领域有所突破，必定在国际传播格局中能够相对容易地突破西方"有色眼镜"的屏蔽，为中华民族优秀的传统文化和现代社会普世的创新价值观所吸引、理解与接受，从而既服务于国内公众，又能达到适应国际传播的双重效果。

五、教育电视媒体提供公共文化服务的原则

研究发现，在公众文化建设背景下，教育电视媒体服务于公众过程中，应当遵循如下的行为原则，才能建立和保持其独特的媒体平台服务方式，从而有助于打破长期以来由广电媒体主导的"游戏"规则。

1. 持续性原则。众所周知，教育过程必须是一种持续性行为才能产生效果，教育电视媒体的服务应当是连续性的，不是时断时续的。按照李森博士所

---

①② 陈瑶/主编，《公共文化服务：制度与模式》，浙江大学出版社，2012 年版，第 18 页。

③ 陈瑶/主编，《公共文化服务：制度与模式》，浙江大学出版社，2012 年版，第 19 页。

认为的,"教育电视媒体在于'育',而不在于'教'。"① 言下之意就是媒体不是教师,不能高高在上,要通过自身完善的持续的媒体服务达到提升公众素养的目标,而根据市场需要不断调整内容与形式以追求高收视率,则更不应当成为教育电视媒体的做法。从收视角度而言,教育电视媒体应当甘于"平淡"而不是"火爆"。收看或应用电视媒体是一种契约和约会行为,定时播出预告的内容既是对观众的尊重,也是获得观众满意度的必要方式。如果教育电视媒体的栏目没来由地经常变化,那么,传播通道则会中断,同时,也给观众造成一种媒体不守信用的印象,本身就没有在社会中提倡契约意识,为社会提供守信榜样。

2. 适应性原则。伴随受众知识、信息、审美和互动表达等需求的提升,人们对媒体内容和形式的需求也是不断变化的,这要求媒体必须根据需求的变化进行及时的调整,而不是只根据媒体既有的条件提供一成不变的服务。这如同学校教育一样,不是根据师资情况设立课程,而是根据社会和受教育对象需求开设课程。媒体使用者的需求是媒体发展的最大动力,其需求的变化当然也成为媒体自我转型调整的动因。在社会不同发展阶段,教育电视媒体本质属性有不同的表现,其实也是这一原则的高层次体现。

3. 平等性原则。公众平等地享受教育电视媒体提供的服务是其法定权利。现实中,教育电视频道要经过各地有线网络公司的网络才能进入千家万户,网络公司根据市场竞争法则,即主要按照频道提供的入网费用多少加以选择,为此向教育电视频道收取不菲的入网费,导致部分区域的网络对教育电视频道设置了较高的门槛,实际上剥夺了公众享受基本公共服务的权利。显然,这是政府缺位造成的结果,要求政府须用立法的方式保障公民的媒体享用权。

正如胡正荣等人的研究所指出的,目前世界公共广播②服务公认的基本原则主要有三条:其一是基于广播资源是公共品,其分配与运用的宗旨是实现公共利益,即为一定地域范围内的所有公民提供信息、教育和娱乐内容与服务;

---

① 摘自:2013 年 5 月 8 日,山东广播电视台李森博士在本课题鉴定会上的发言。
② 公共广播系指国外的 Public Broadcasting,为英文直译过来,包括电台与电视,因我国公众常常把"电台"称为"广播",因此,常出现误读的情况。

其二是广播产品与服务的供给应该由独立的公共组织来承担，其运作资金也就必须源于公民，以免于政府和商业利益集团的干预，也就是独立性原则；其三是服务对象的价值判断，公共广播视其服务对象为公民，而非消费者或意识形态教化对象，要满足公民多样化的需求与表达多元化的声音。[①] 从这个意义上看，教育电视媒体应当并且能够成为我国提供公共服务的典范，让公众享有平等的基本公共教育资源服务。

---

① 参见胡正荣、李继东/主编，《中国广播电视公共服务体系：目标与实践研究》，中国广播电视出版社，2010 年版，第 250 － 251 页。

第三章
媒体公益性演变的
历史轨迹

　　探讨我国媒体的公益性，离不开中国社会历史发展背景，更与中国共产党新闻思想的演化和进步密切相关。我国媒体公益性是在与政治性、经济性相互博弈中逐步呈现出来，不断上升到新的层面，并演化出新的内涵。三种属性之间的矛盾运动对推动媒体发展起着重要作用。这里，需要特别指出的是，本研究认为公益性能够成为教育电视媒体的本质属性，却并不意味着其他媒体也能够具备公益属性，或者公益属性成为其本质属性。

　　事实上，无论我国社会怎样转型与进步，中共的新闻思想在共产党的最高领导层基本上是一脉相承的，从战争年代的革命先行者到新中国成立后的共产党第三代领导集体，都是如此。2000 年 2 月，江泽民同志提出的"三个代表"重要思想就明确提出共产党是广大人民利益的代表。作为党领导下的媒体，其主要功能更是不言自明。中国共产党成立以后的中国历史，每个时期有着不同的社会发展重心，从政治建设到经济建设再到文化建设，在各个时期中，媒体所呈现的主要功能也有所差异。若从政治角度，可以比较清晰地分隔历史的阶段性，但就媒体功能而言，阶段性不是很明显，也不太容易划分，基本上是在以某一种功能为主的同时，其他功能也在不同社会层面，不同程度地酝酿着、表现着。

　　在新中国成立前，党的媒体为夺取政权鼓与呼，之后，媒体为稳固政权宣传治国方略。共产党人为实现自身的政治抱负，对媒体功能的认知是非常清晰的，对其功能也是十分重视的，彼时的公共利益表述也有独特的形式。有研究

53

者指出，"改革开放以来，发展社会主义市场经济的历史进程中，电视的功能属性发生了深度迁移，由原来单一的政治属性延伸发展为政治、公共、经济三位一体的'三重属性'。"① 本研究认为，纵观中国共产党取得政权前到执政后的90多年来，媒体属性显现出明晰的阶段性特征，也即：第一阶段——从中国共产党成立至改革开放前，媒体以政治属性呈现为主；第二阶段——改革开放后至20世纪90年代，媒体以经济属性呈现为主；第三阶段——从20世纪90年代末至进入新世纪以来，公益属性则日益凸显。

分析媒体的属性，其实也意味着，是在考察不同历史时期利益相关方力量的对比与冲突，尽管从理论上分析，上述"三重属性体现了党和政府、媒体、人民群众根本利益的一致性，但是，三种属性毕竟是三种完全不同的社会角色，各有其不同的使命责任、服务对象和价值取向"②。当然，这种冲突，在不同历史阶段中，表现也不一样。正如知名学者尹韵公所指出的，"党在不同历史阶段的不同历史使命和不同历史任务，决定了党媒随之而变的不同声调。"③ 中国共产党在建党初期，只拥有《新青年》一份杂志媒体。然而，党对媒体的教育功能的认知是很深刻的，并走过了一个不断深化、变化和演进的过程。分析中国共产党90多年的发展历史，大体经历了三个发展阶段，即开展武装斗争夺取政权的创业时期、执掌政权后的社会主义建设时期和实行改革开放新的历史时期。④分析不同时期媒体的功能表现，才可能理解媒体属性变化的规律。

第一节　政治传播时代媒体公益性

中国共产党成立的目标就是推翻旧有的统治，建立新型国家，因为"国家代表着全社会的利益，实际上代表着一种人类社会中普遍存在的，除了个人利

---

①② 任陇婵/文，"电视新闻影响力何以式微"，《中国广播电视学刊》，2012（1）。
③④ 尹韵公/文，"党与党媒"，《中国广播电视学刊》，2011（7）。

益和私人利益之外的全体利益、长远利益和根本利益"①，用现代社会的概念表示，这种利益也可以说是广大人民群众公共利益的组成部分。只是公共利益所表现出来的形式不同于现代社会，那个时期强调的是对公众的启蒙、发动和组织功能。事实上，媒体的这些功能至今仍然存在，只是没有成为主要的方面。从新中国成立直到改革开放前，媒体都被牢牢地掌握在党和政府权力机构中，成为党和政府权力的延伸甚至是其中的一部分。新中国成立前，媒体主要是为宣传政治主张、夺取政权服务；新中国成立后，媒体主要是为宣传党的政策、政府发布政令服务。共产党为实现人民当家做主，与各种反动势力进行了艰苦卓绝的抗争，事实上，这个时期，人民的利益也可以理解为最大的公益。

一、对公众的启蒙功能

中国共产党在成立之初的党纲中，就明确提出了自己的奋斗目标，即"以无产阶级革命军队推翻资产阶级的政权，消灭资本家私有制，由劳动阶级重建国家"。夺取政权是建国之前共产党的根本目标，这是劳动阶级的根本利益，也是绝大多数个体利益的组合，也就是最大的"公益"。因此，党的媒体（简称党媒）服务于党的工作，就是服务于最大的公益事业。在革命时期，党媒是开展阶级斗争的工具，目的是为了争取和实现国家独立和民族解放，有类似"枪杆子"的功能，主要表现为"启蒙"和"发动"作用两方面。

旧中国，积贫积弱，社会落后，绝大多数群众文化水平极低，文盲居多，对政治麻木，人心一盘散沙。共产党人看到这种情况，也认识到启蒙教育的重要性，并认为开展教育、传播主张是非常重要的工作方面。中国共产党的缔造者之一陈独秀说过，在中国要进行变革，"必须改变人的思想，要改变思想，须办杂志"。② 因此，党媒在创立之初，就被赋予不同于资产阶级报纸的功能，党报承担传播革命主张、反映劳动大众呼声，组织革命的历史使命，总之，进行

---

① 转引自梅明丽/著，《传媒制度分析和战略重构》，上海世纪出版集团，2011年版，第255页。
② 谢金文/著，《中国新闻史纲要》，化学工业出版社，2011年版，第59页。

思想发动是其主要的功能。

1920 年 11 月 7 日，上海共产主义小组创办《共产党》月刊，论述中国革命的道路和党的纲领策略，论证只有社会主义、共产主义能够救中国，主张无产阶级联合起来，建立中国共产党，用革命手段夺取政权。① 1921 年 8 月，中共《劳动周刊》在上海创办发行，这也是中共领导下的第一张全国性的工人报纸，其发刊词说："这个劳动周刊是中国劳动组合书记部的机关报，就是全国劳动者的言论机关。"② 这份报纸受到工人们的欢迎，发行到全国许多地方，单期发行量最多时达 5000 份，前后累计印行 16.5 万张。《共产党》月刊称赞它"是教育训练劳工们一个最好的机关报"。后来，上海公共租界工部局以"登载过激言论"、"鼓吹劳动革命"的罪名，勒令它停刊，仅出刊 41 期。时隔一年，1922 年 9 月 13 日，中央机关报《向导》在上海创刊，其发刊词称："依照全国民意及政治经济事实的要求，谨以统一、和平、自由、独立四个标语呼号于国民之前……我中华民族为被压迫的民族自卫计，势不得不起来反抗国际帝国主义的侵略，努力把中国造成一个完全的、真正独立的国家。"③可以看出，成立初期的共产党人，其主张十分鲜明而远大。

二、对公众的发动功能

党报把共产党光明磊落的政治主张和反映民意的报纸功能公开进行宣称，为党的新闻思想亮出了鲜明的旗帜，与此同时，群众的组织与发动也成为重要的"工具"。在新民主主义革命时期，随着革命的不断深入，形势的变化，党报的功能也在随之发生变化，广泛组织和发动群众参与斗争，推翻国民党反动统治，建立工农政权成为党报重要的工作。

1920 年至 1921 年间，全国各地共产主义小组创办了一些直接面向广大劳动者的刊物。如上海的《劳动界》、北京的《劳动音》、广东的《劳动与妇女》、

---

① 谢金文/著，《中国新闻史纲要》，化学工业出版社，2011 年版，第 67 页。
②③ 刘建明/文，"中国共产党新闻思想的光辉历程"，《中国广播电视学刊》，2011（7）。

《劳动者》等。这些刊物反映中国工人的痛苦生活，报道罢工运动，向工人宣传只有组织起来进行斗争，推翻现存制度，实现社会主义，才能得到解放。①这些进步刊物揭示了劳动者的生存境遇，反映了他们的诉求，从劳动者的根本利益出发，当然也能得到劳动者的理解、认同和支持。

知名新闻史研究者郑保卫认为，"1925 年在'五卅运动'中由瞿秋白主编的《热血日报》，是中国共产党创办的第一张日报，该报以发扬'民气'，'作被压迫民众的喉舌'为职志，在当时的工人运动中起到了引导工作斗争的重要作用。"② 1925 年 5 月创刊的《中国青年》杂志，不仅在内容选择方面贴近青年，"就青年关心的学习、组织活动、恋爱、失学、失业等各种问题开展讨论，批评不健康的思想和风气，指导青年学习马列著作，努力培养青年的革命人生观"，③ 而且，在形式方面，也"努力适合青年的特点，文字明白流畅，笔锋尖锐犀利，配有漫画，该刊成为最受青年欢迎的刊物"④。

1929 年 12 月，古田会议召开并通过了八个决议，毛泽东在《红军宣传工作问题》的决议中指出："红军宣传工作的任务，就是扩大政治影响、争取广大群众。由这个宣传任务的实现，才可以实现组织群众、武装群众、建立政权、消灭反动势力、促进革命高潮等红军的总任务。所以红军的宣传工作，是红军第一个重大的工作，若忽视了这个工作，就是放弃了红军的主要任务，实际上就等于帮助统治阶级削弱红军的势力。"把宣传工作看成是"红军第一个重大的工作"和"主要任务"，可见毛泽东对宣传工作的重视。当然，所谓"第一"和"主要"，不是说军事不重要，而是对已握有枪杆子的红军来说，宣传工作就变成了"第一个重大的工作"。

无论是承担"思想准备"还是"组织发动"任务，党报均不是进行虚假的宣传和鼓动，这是党对于新闻真实性的重视。在井冈山革命根据地建立后，这种思想更加得以明确，毛泽东对各地游击区创办的《时事简报》提出过要求，即"《时事简报》不做文章，只登消息"，"在消息中把一两句议论插进去，使

---

① 　谢金文/著，《中国新闻史纲要》，化学工业出版社，2011 年版，第 67 页。
② 　郑保卫/文，"简论中国共产党 90 年新闻思想的形成与发展"，《现代传播》，2011（5）。
③④ 　谢金文/著，《中国新闻史纲要》，化学工业出版社，2011 年版，第 82 页。

看的人明白这件事的意义……是发动群众的有力武器"。① 可见，以真实赢得群众信任是起到发动作用的重要一环。

1941 年 6 月，张闻天起草的《中宣部关于党的宣传鼓动工作提纲》中就指出，"关于宣传鼓动工作的一般方法，应注意下列几个问题……第一，你要讲什么？第二，对什么人讲？第三，要达到什么目的，第四，怎样讲，第五，随时留心群众的反映，第六，必须善于使用一切宣传鼓动方式，从通俗的形式到高级形式，以及由这种形式转变、过渡到另种形式，第七，必须善于使用一切宣传鼓动工具，熟知它们的一切性能。"② 这些认识是共产党人新闻传播智慧的结晶，是对新闻传播规律的准确把握。

当然，共产党人也清晰地认识到，媒体不是万能的，群众动员当然离不开人际传播。在革命年代，共产党人及其领导的革命队伍本身就是传播的载体和媒介，在与群众的广泛接触中，通过拉家常、谈生活，进而谈时事，把革命的道理以润物细无声的方式散播开来，队伍走到哪儿，革命宣传就到那儿，人际传播收到最实在的效果。譬如说长征，毛泽东同志是这样总结的："长征是宣言书，长征是宣传队，长征是播种机"。红军所到之处，革命的火种被播撒，让许多人看到了民族的希望和前途，使更多的人投身革命，更多的革命根据地在诞生、在扩大，实践证明，红军长征在人民心中播种了信任，在中华大地上收获了民心。显然，在文化水平普遍低下的年代，人与人的沟通也常常能取得媒介传播所难以达到的某些效果。

三、对公众的组织功能

党报的组织者定位是列宁提出来的。在毛泽东那儿又得到了发扬，成为中国共产党发动群众、组织群众、团结党和群众共同投身革命的重要理论工具。

---

① 刘建明/文，"中国共产党新闻思想的光辉历程"，《中国广播电视学刊》，2011（7）。
② 转引自刘建明/文，"中国共产党宣传家是传播学主要原理的首创者"，《现代传播》，2011（10）。

　　1942 年，中宣部发出的《关于改进党报的通知》明确指出："报纸的主要任务，就是宣传党的政策，贯彻党的政策，反映党的工作，反映群众生活，要这样做，才是名副其实的党报。"1942 年，毛泽东在审定《解放日报》的《党与党报》、《致读者》等社论文章中强调："报纸是党的喉舌，是一个巨大集体的喉舌"。新中国成立前夕，1948 年 4 月 2 日，毛泽东发表了《对晋绥日报编辑人员的谈话》中指出："报纸的作用和力量，就在于它有能使党的纲领路线、方针政策、工作任务和工作方法，最迅速、广泛地同群众见面"。"通过报纸加强党和群众的联系，这是党的工作中的一项不可小看的、有重大原则意义的问题。"

　　1948 年 10 月 2 日，刘少奇同志发表了著名的《对华北记者团的谈话》，谈话指出："党依靠你们的工作，指导群众，向群众学习"，"人民也是依靠你们的"，"依靠你们把他们的呼声、要求、困难、经验以至我们工作中的错误反映上来，变成新闻、通讯，反映给各级党委，反映给中央。"① 毛泽东为党报的定位及中国共产党新闻思想的形成作出了伟大贡献。他的新闻思想中，包括一些至今仍然具有十分重要指导意义的观点，如：要增强新闻报刊宣传的党性，要政治家办报，要真实，要有群众观点，要有中国作风、中国气派。可以这样说，他的新闻思想基本形成了体系，共产党新闻思想在新中国成立以前已基本形成。②

　　20 世纪 40 年代初，中国共产党在延安已经拥有了中央级的报刊（《解放日报》）、通讯社（新华通讯社）、电台（延安新华广播电台）三位一体的新闻专门机构，新闻传播事业得到了发展壮大。可以这样说，党媒之于群众，既宣传党的主张，又反映群众的呼声，起着发动群众、组织群众、教育群众，统一革命思想，扩大革命队伍的作用。尹韵公说，"党媒不仅是宣传工具、教化工具，更是社会动员工具和社会组织工具"。③ 这正是对此时期党媒功能的准确表述。

　　除了报刊以外，共产党非常善于利用户外的大字标语开展宣传。吴学夫等

---

　　① 谢金文/著，《中国新闻史纲要》，化学工业出版社，2011 年版，第 97 页。
　　② 陈昌凤著，《中国新闻传播史》（第二版），清华大学出版社，2009 年版，第 256 页。
　　③ 尹韵公/文，"党与党媒"，《中国广播电视学刊》，2011（7）。

研究者认为，"和世界上其他社会主义国家一样，中国非常重视在公共的户外空间里进行群众性的教育。通过大面积的公共宣传来表达国家的意志是中国的一项社会传统。"① 事实上，革命队伍走到哪儿，哪儿就有共产党的户外媒体传播。大字标语、墙报、宣传单等都能发挥一定的宣传作用。正如吴学夫等人认为的，"中国人对于'宣传'的词义理解并无负面含义，不管是政治性的口号宣扬，还是公益性的民主内容，或者是强调与民同乐的节庆图腾，当代中国人熟悉并富有经验地判断周边的政治工作图像，并视之为生活的一部分。"②共产党人自觉地运用了多种媒体进行政治主张平民化的传播，只是彼时还没有形成系统的新闻理论体系而已。

大字标语是共产党开发利用的户外媒体，在宣传主张，发动群众方面发挥了重要作用，其特点是：（1）内容直接诉诸群众利益；（2）文字形式简单易懂；（3）口语化，易传播；（4）广泛刷涂，扩大宣传面。毛泽东同志说过，"要把墙报当做自己组织工作，教育群众，发动群众积极性的武器"。譬如，我们在影视作品中，经常看到的"打土豪，分田地"，"红军是穷人的队伍"，"打倒日本帝国主义"，"打过长江去，解放全中国"等口号，真切地呈现出革命战争年代中国大地上的传播图景。无疑，这些户外媒体也成为贴近群众，发动群众和教育群众的有效方式之一。

四、媒体传播功能的变迁

新中国成立后直至改革开放前，媒体管理制度随之发生了变化。新中国成立前，中国共产党最高新闻管理机关为党中央设立的宣传部，新中国成立后，政府设立了新闻管理机构，也就是国家新闻总署（1949 年 10 月 19 日成立）。政治格局的变化，社会的发展，媒体管理方式相应调整，自然也引发了媒体功能的渐变。

---

①② 吴学夫、黄升民／文，"大国图腾：承载六十年国家理想的公共图像"，《现代传播》，2011（8）。

　　长期以来，我国媒体被赋予很强的意识形态，与社会其他行业的变革相比，显得滞后和无奈，党和政府对媒体进行的并不是大刀阔斧地改革，法律式的变革，而是针对媒体自适应市场经济变革的冲动与实践，进行追认式地规范与纠偏。改革开放后，人们思想的解放是一个渐进的过程，尤其是宣传部门和媒体管理层更是如此。在新闻思想和理论进展方面，倒是平面媒体走在了广播电视媒体的前面，也推动了平面媒体经济属性的增强和影响力的同步提升。在以经济建设为中心的社会变革进程中，广播电视媒体经历着新闻宣传思想、传播观念和媒体经济的多层面变革。变革首先始于新闻思想层面的转向，进而在新闻宣传功能先于其他社会功能的前提下，开始其他社会功能的尝试。

1. 新闻思想的转向

　　按照学者郑保卫的研究，中国共产党的新闻思想是"在长期的人民革命和民族解放事业的斗争风浪中逐渐形成的，是在社会主义革命和建设的艰苦奋斗中曲折发展的，是在改革开放和社会主义现代化建设事业的伟大实践中不断升华的"[1]。就媒体所外显的主要功能而言，从中国共产党成立到改革开放前，作为制度性安排，中国的媒体一直是作为党和政府的喉舌存在的。换言之，媒体就是国家权力的延伸，或者作为政府的舆论工具，是传达主流声音甚至是发布政令的重要渠道。因此，无论是隶属于"党口"的宣传部门直接管理的平面媒体，还是隶属于"政府口"的广播电视管理部门，均接受各级党委的统一领导。党中央对广电媒体赋予喉舌的功能，宣传是其主要职能。但是，宣传的重点在不同的历史时期是有所选择和侧重的。

　　改革开放起步前后，最先引发政治思想领域激荡的是突破禁区的文章和讨论。"影响最大的当属关于真理标准的讨论，而关于社会主义生产目的的讨论，也对实现党和国家工作重心向经济建设转移起到了思想先导的作用。"[2] 这种"激荡"既推动了新闻思想禁区的解放，又消解了媒体于"文革"期间被强化

---

[1]　郑保卫/文，"简论中国共产党90年新闻思想的形成与发展"，《现代传播》，2011（5）。
[2]　谢金文/著，《中国新闻史纲要》，化学工业出版社，2011年版，第128页。

的政治斗争工具功能。改革开放初期，党和政府确立了指导各项事业的方针是"解放思想、实事求是"，"以经济建设为中心"，在这样一种大的环境中，广播电视媒体的改革思想主要是由文革时期的"工具论"转变为"新闻立台"，回归新闻本位。新闻媒体主管部门主导思想开始发生转变，"破除单一的指导观念，认为指导就是服务，在坚持指导性和舆论引导的同时，要把新闻媒介的指导性和服务性、思想性和知识性及趣味性结合起来"①。这种讨论事实上也成为实践变革的前奏。

此一阶段，对于媒体的本体分析和认知，也有了进一步的深入讨论，譬如，"新闻学界对报纸的商品性、新闻传媒的经济属性与经济规律，也进行了新的认识和研究"②。但讨论最多的还是应用层面的传播内容和功能分析，"新闻业界和学界还深入探讨新闻的宣传价值、教育价值、审美价值，新闻传媒和新闻作品的多种功能、多元作用，不断强化媒介的传递信息、引导舆论、沟通社情、反映民意、传播知识、提供娱乐、刊登广告等功能"③。这种在业界、理论界的讨论，通过主管部门对管制的逐渐放松或默许，媒体最终慢慢从思想和行动的桎梏中的解脱出来。

2. 宣传功能先于其他社会传播功能

新中国成立后，媒体基本上延续了战争年代的主要任务，"1949 年以来，我国的新闻传媒始终以政治上的宣传教育为主"④，对党的方针政策、治国主张进行正面宣传，以期获得群众的理解、信任与执行，以媒体的导向来团结群众、凝聚人心，巩固社会主义政权，以利于完成社会主义建设目标。

在管理体制方面，党在补充、扩大和加强原有新闻事业建设的同时，还对旧有的私营新闻媒体进行公有制改造，很快建立起庞大、集中和统一管理的新

---

① 谢金文/著，《中国新闻史纲要》，化学工业出版社，2011 年版，第 129 页。
② 谢金文/著，《中国新闻史纲要》，化学工业出版社，2011 年版，第 128 页。
③ 谢金文/著，《中国新闻史纲要》，化学工业出版社，2011 年版，第 129 页。
④ 高卫华/文，"中华民族传统文化三个传播断层反思"，《现代传播》，2012（11）。

闻事业体系①，同时，保留了一部分私营报社，进行企业化经营。但是，"企业化经营的前提，仍然是把宣传放在第一位，经营是第二位的"②。譬如，在宣传指导方针上，随着全国形势的稳定，对广播电台的职能要求有所拓展，1950 年 2 月 27 日，政务院新闻总署召开京津新闻工作会议，会议的意见是："广播电台应以发布新闻、社会教育及文化娱乐为主"③，提出"社会教育"和"文化娱乐"任务，意味着中央对媒体功能的认识在深化，对新中国成立后形势的变化有新的适应。1951 年，中共重庆《新华日报》编辑部发表的《检讨和勉励——记者意见总结》中指出，"报纸的形式和内容必须充分反映人民群众的多方面的生活，甚至政治以外的生活。适应人民群众的多方面需要，即使是枝节的琐屑的需要。"④ 这说明，在"政治挂帅"的年代，媒体管理者们也意识到媒体除了政治传播功能，还有其他多元的功能。正如陈昌凤所描述的，20 世纪 60 年代，广播除了报道政治新闻之外，知识性节目也增加了，如邀请相关专家学者"介绍有关社会科学和自然科学等方面的新知识、新成就"⑤。

3. 社会传播功能的尝试

这个时期，无论是党中央还是媒体管理者，对媒体除政治功能以外其他功能的认知与发挥，均处于某种探索和摸索状态中，一方面，社会需求明显上升，另一方面，政治框框不敢突破。尽管新中国成立后直到"文革"之前，就总体而言，共产党建起了庞大的媒体宣传体系，但这个功能强大的体系在加强社会主义革命和建设宣传的同时，并没有发挥其传递信息、交流意见和舆论监督等作用，尤其是没能充分满足民主政治需要和社会公益需要⑥。

新中国的成立，政权的高度集中和对社会主义制度的理解，无论是政府还

---

① 谢金文/著，《中国新闻史纲要》，化学工业出版社，2011 年版，第 106 页。

② 陈昌凤/著，《中国新闻传播史》（第二版），清华大学出版社，2009 年版，第 280 页。

③ 赵玉明/主编，《中国广播电视通史》，中国传媒大学出版社，2006 年版，第 194 页。

④ 转引自：刘建明/文，"中国共产党宣传家是传播学主要原理的首创者"，《现代传播》，2011 (10)。

⑤ 陈昌凤/著，《中国新闻传播史》（第二版），清华大学出版社，2009 年版，第 299 页。

⑥ 谢金文/著，《中国新闻史纲要》，化学工业出版社，2011 年版，第 106 页。

是人民普遍认为一切应由政府操办，社会公众意识和公益意识非常淡漠，当然，反映在媒体上的内容就更少了。事实上，发端于1958年的中国电视业"同样也遵循了广播宏观管理的基本规范"①。譬如，有研究者把中国共产党对电台的基本运作和管理模式归纳为："直接隶属于党的领导，附属于新华社；明确宣传党的方针、政策，指导和反映党的工作和群众工作；新闻工作者从作为党的工作者的基本原则出发，为党和人民服务"②。然而，毕竟电台的传播手段比报纸更加生动灵活，譬如，中央电台知识性节目逐渐增加，选题广泛，有关部门领导和专家、学者受邀到电台讲解有关社会科学和自然科学等方面的新知识和新成就，是地道的教育节目，又如，知名的学龄前儿童节目《小喇叭》，寓教于乐，进行爱国主义、社会主义、公共道德、理想教育等，深受孩子们的欢迎，影响了几代人。但是，总的来看，电台仍然是以政治宣传为主，满足其他需求为辅的。

4. 实践层面的突破

在实践层面，广播电视媒体围绕经济建设，研究探索自身行业特点和规律，并意识到经济属性的巨大潜力，从市场和受众的角度，更加注重人民群众的需求和反映。这一时期，经济的高速发展催生了众多的经济广播频率和经济频道。正如学者赵月枝所说，"只有改革开放后的中国政府才成功地将中国变成一个相对稳定的大众消费社会，由此创造出一个统一的、有利可图的全国传播市场。"③ 可见，政策层面对媒体发展的影响之深之广。

电视媒体回应社会需求，纷纷拓展节目形态和服务方式，出现了一批前所未有的新节目类型，给观众不断的惊喜和新的吸引力。这个时期，主要的电视节目内容类型分为如下几种：（1）新闻类；（2）服务类；（3）社教类，包括电视教学节目、纪录片、公益广告和青少年儿童、老年节目；（4）文艺类；

---

① 胡正荣、李继东/主编，《中国广播电视公共服务体系：目标与实践研究》，中国广播电视出版社，2010年版，第7页。

② 邓炘炘/著，《动力与困窘：中国广播体制改革研究》，中国经济出版社，2006年版，第19页。

③ 赵月枝/著，《传播与社会：政治经济与文化分析》，中国传媒大学出版社，2011年版，第235页。

（5）影视剧，对如上节目类型，胡正荣等研究者认为最能体现和承担公益性的节目是服务类和社教类节目。[①] 这两类节目的公共服务和公益作用体现在四个方面：首先，传播科学文化知识，体现公共服务的职能和全心全意为人民服务的宗旨。其次，用科学的事实和详细地分析，解读和加强党和政府政策的说服力。再次，以科学知识为后盾，以科学实证的事实为论据，激浊扬清、弘扬社会正气。最后，不仅传播科学知识，更重要的是可以同时让全民族、全社会接纳科学的精神、科学的思想和科学的价值观，为社会营造文明、和谐、健康的氛围，提高群众综合素质、建设社会主义精神文明。

随着新世纪的到来，民生新闻的异军突起，新闻类节目更多地承担起"为民办事"服务的功能，其中不乏媒体代表公益诉求所开展的维权等行动。媒体内容和形式的创新也在一定程度上模糊了"新闻类"与"服务类"节目这种传统的分类方法，对于公共空间的拓展作用，尽管在学术层面存在争议，但其公益性作用却是显而易见的。

第二节　经济传播时代媒体属性的冲突

教育电视媒体在媒体传播格局中并非另类，在制度层面上，要接受媒体相关法规约束，在业务层面上，要接受广电行业指导。广电媒体的种种现象与发展问题，在教育电视媒体中也不同程度地存在着。本研究借用博弈论的概念，提出媒体政治性与经济性的博弈，经济性与公益性的博弈，通过这种分析角度来追溯媒体公益性的发展轨迹。但是，要指出的是，上述两对概念中的双方其实并不是博弈论中的对抗双方，而是指同一媒体组织机构自身外显属性的倾向与选择，这种选择既是主动的，有时也是被动的，是在复杂的政治要求、社会要求和自身要求冲突中，所呈现出的一定程度上的矛盾状态。

---

① 参见胡正荣、李继东/主编，《中国广播电视公共服务体系：目标与实践研究》，中国广播电视出版社，2010年版，第78－79页。

改革开放是中国发展史上的一个分水岭，各行业以及公众本身都受到了史无前例的冲击，包括人们观念、行为模式等，只是变革存在于不同的侧面和表现为不同的程度而已。具体到媒体行业，党把工作重心转移到经济上来，党媒的功能也逐渐出现了多元化。正如学者赵月枝所说，"区分改革前与改革后的标志是中国传播和文化资源的商业化，以及中国信息和传播市场的形成。"① 其中新闻宣传思想的转向是引导和推动媒体变革的重要力量。在媒体操作层面，则表现为政治、经济、公益多种属性之间复杂的博弈冲突过程。

一、政治性与经济性的博弈

中共十一届三中全会，把中国历史翻开了全新的一页，广播电视行业得以迅速发展。事实上，20 世纪 90 年代以前，我国媒体行业就形成了报纸、广播、电视三分天下的局面，尤其是电视媒体行业一举成为朝阳产业，在社会发展中的作用越来越突出。20 世纪 90 年代以后，电视媒体发展更是突飞猛进。中国媒体也从单一的喉舌功能派生出更多功能，并引发社会效益和经济效益的冲突与博弈，媒体发展进入到一个全新的传播时代——经济传播时代。在大约 30 年的媒体快速发展过程中，社会背景正是波澜壮阔的改革开放的前 30 年。其变革历程首先是新闻思想的自我突破，其次是国民经济的快速发展对媒体功能多元化的客观要求，媒体公益性在制度安排、市场力量和社会需求之间的博弈中呈现出来，表现出从经济传播时代向公益传播时代流变的特征。也正是在这个时期，中国教育电视作为媒体进入传播市场。当媒体经济属性日益成为显性功能时，公益属性愈加显示其必要性，尤其是教育电视媒体的表现也受到社会各界的关注。

1. 媒体功能分化下的经济属性

按照学者陆地的分析，改革开放后，我国电视行业的发展可以大致划分为

---

① 赵月枝/著，《传播与社会：政治经济与文化分析》，中国传媒大学出版社，2011 年版，第 235 页。

四个阶段：起步期（1979—1983 年）；跑步期（1983—1992 年）；高速期（1992—1996 年）；调整期（1997 年至今）。本研究所指的快速发展也正是第二、第三个时期。在第二个时期中，无线电视台从 1983 年的 52 座猛增到 1992 年的 586 座，增长了 10 倍多；广告经营额更是从 1983 年的 1600 万元攀升到 1992 年的 22.55 亿元，增长了 128 倍多。到 1996 年年底，各类电视台数量超过 4000 座，广告收入达到了 90.79 亿元①。媒体对国内生产总值 GDP 的作用也日益受到关注，其对社会各个层面的影响力也是伴随其经济实力上升的。对经济效益追求的冲动、满足社会多元需求的行动，客观上促进了媒体功能的拓展与分化。为了吸引观众的眼球，电视媒体创新出种种方式和手段，如在节目过程中设置巨额奖金、在游戏节目中设置参与大奖、为观众设置收视大奖等，甚至在某种程度上带有了赌博的性质。然而，无论怎样，从客观上讲，这种变化却使得"广播电视的传播模式由过去单向度的传播本位转变为互动的传者/受者本位，传播媒体在坚守喉舌论角色的同时，日益被视为党和群众之间上情下达、下情上达的沟通桥梁"②，而不是像在政治传播时代那样，媒体仅仅是自上而下的宣传和教育民众。

历史上，媒体单一的功能是执政党对社会制度的设计与安排，也是社会发展阶段性的必然要求。诚如学者陈昌凤所说，"在计划经济体制下，在新闻为政治服务的时代，中国新闻事业形成了几乎是中共党报一体化的单一结构。"③ 陆地更是认为，"有的国家把电视作为政治斗争和统治人民的思想工具，那是电视媒介在特定社会的特殊功能，与'大众'的本意已相去甚远。"④ 这意味着，伴随社会的不断发展与进步，媒体功能出现分化是一个必然的过程和结果。其功能分化表现在：一是政治功能的弱化。在民主社会中，人们的行为主要受制于法律和社会道德伦理规范，参与政治的热情也会减退，媒体对政治传播的热情

① 转引自陆地/著，《中国电视产业的危机与转机》，中国人民大学出版社，2002 年版，第 82 页。
② 胡正荣、李继东/主编，《中国广播电视公共服务体系：目标与实践研究》，中国广播电视出版社，2010 年版，第 67 页。
③ 陈昌凤/著，《中国新闻传播史》（第二版），清华大学出版社，2009 年版，第 328 页。
④ 陆地/著，《中国电视产业的危机与转机》，中国人民大学出版社，2002 年版，第 22 页。

也会降低。二是经济功能的强化。消费成为经济社会中重要的活动，媒体自然也会围绕投资、理财、消费等提供信息、市场分析等服务。三是娱乐功能的泛化。随着人们生活水平的提高，自由支配的资金和时间也会增多，休闲娱乐成为生活中必不可少的一部分，电视媒体是成本较低的娱乐方式之一。四是教育功能的演化。在经济社会中，知识更新加快，社会竞争加剧，人们的技术能力、知识更新和生活常识更新周期加快，媒体所发挥的社会教育作用非校园所能比拟。

经济功能作用的日益增长，在一定程度上开始消解政治的崇高地位以及权威，媒体对权力中心愈加疏离的同时，离公众的距离却是越来越近。媒体经济性研究进入政界、学界和业界的显性话语体系。

2. 媒体经济性的认知

我国广电媒体经济功能的强化和推进，基本上是由社会需求的强力"拉动"和政策文件的助力"推动"的。伴随改革开放，经济的高速增长，公众物质生活水平大幅提升，同时，精神文化生活的需求日益旺盛，电视媒体作为低成本的精神产品提供者，自然成为重要的信息、知识和文化消费的首选，巨量的注意力成就了"眼球经济"，也为电视媒体带来了可观的经济效益，为经济性提供了形象的注脚。

1984 年，在新闻传播学科的理论界，周鸿铎教授首先提出"广播电视经济"概念。1987 年 12 月，在经济广播改革先锋的珠江经济广播电台开播一周年的纪念大会上，理论界不仅研究了新闻体制的改革，而且对广播电视经济也进行了深入探讨，提出了"广播电视二重性"的观点，[①] 即广播电视媒体具有喉舌工具功能的政治属性，同时，也具有市场功能的经济属性。1988 年 11 月，周鸿铎教授又首次提出和使用"广播电视也是生产力"的观点[②]，其团队成为国内研究传媒经济的重要力量。

1990 年，以周鸿铎教授为核心的团队正式创立了《广播电视经济学》这门

---

①② 周鸿铎/著，《传媒产业经济实务》，新华出版社，2000 年版，第 13 页。

新学科，公开使用"广播电视经济学"这个概念。到了1994年，一个完整的广播电视产业的理论框架已基本形成。[①] 1997年，《传媒经济》一书出版，为应用传播学开辟了新的研究领域。此后，"传媒经济"概念开始出现在多种学术场合，并有一批科研成果陆续问世。至此，在广电媒体业内，收视率、到达率、市场营销、点成本、人力资源、节目推介等一系列媒介经营的概念成为通用的语汇，标志着由市场经济催生的经济传播时代到来了。

早在2000年的"十一五"规划中，就出现了"文化产业"的概念。2001年年初，全国宣传部长会议提出"宏观管理机制创新、微观领域结构创新、市场组织体系创新、投融资体制创新"的改革思路。同年5月，中国证监会新版《上市公司行业分类指引》，将"传媒与文化产业"定为基本产业门类，包括出版、声像、广播电影电视、艺术、信息传播服务业5类。其后，配套的政策性文件陆续出台，2001年8月，中办、国办发出《关于转发中央宣传部、国家广电总局、新闻出版总署〈关于深化新闻出版广播影视业改革的若干意见〉的通知》，对组建广电集团的指导思想、原则、体制、融资等做了全面规定。2001年12月1日，我国正式加入世界贸易组织WTO，这是加入国际经济循环的必然要求，也是一个重要的国内各种相关政策的调整契机，当然涉及文化、传媒行业。同年12月，国务院办公厅发布《关于印发文化体制改革试点中支持文化产业发展和经营性文化事业单位转制为企业的两个规定的通知》。2002年10月，党的十六大提出了积极发展文化事业和文化产业的方针，为发展文化事业和文化产业的分类改革、分类运营、分类监管的政策思想奠定了基础。此后，文化体制改革试点进一步铺开，改革开放的政策进一步出台。[②] 尽管2004年"叫停"了广电集团的冒进，但是，各地媒体微观层面的改革却并没有停止，存量层面的变革一直在进行中。

3. 西方传播学理论的引入与影响

新闻观念的不断快速更新，也得益于国门的开放。西方传播学的引进，促

---

① 周鸿铎/著，《传媒产业经济实务》，新华出版社，2000年版，序言，第7页。

② 李向阳/文，《论通向分类运营的政策创新》，《现代传播》，2011（3）。

动了新闻学术思想的解放，其中有一个标志性的事件，那就是1982年5月，美国传播学者施拉姆博士来华讲学访问。他的来访，为国内学者带来了新鲜的传播学理论，也引发了全国性的媒体观念的更新，当然也有思想观点的大碰撞，并且出现了新闻学逐渐被传播学挤压的学术态势。

传播学理论的引入与广泛讨论，在理论界和业界迅速引起波澜，并且在不长的时间内，新闻思想"破除了单一的党性观念和党报观念，认为应该在坚持党性的前提下，同时具备人民性、群众性、民族性等；在重视和加强党报建设的同时，要确立国家新闻事业和人民新闻事业的观念"[1]。美国的传播实务理论尤其是受众研究方法受到市场的推崇，营销传播、广告理论、受众理论迅速成为显性话语。市场调查手段的普遍运用，彻底颠覆了"群众"概念，代之以"受众"观念。在媒体经营者眼中，受众群体被划分为有价值、低价值和无价值各类层级，媒体进行选择性传播成了其受制于广告主的最真切表现。

此一时期，专业的媒体市场调查公司陆续兴起，如国内占据支配地位的央视—索福瑞和AC—尼尔森公司。调查公司提供的数据成为媒体与广告主之间交易的通用货币，也一度成为衡量节目受欢迎程度和节目水平的重要标准之一，成为考核媒体工作人员业绩的重要条件。尽管后来AC—尼尔森退出了中国收视调查市场，但收视调查数据依然作为各家电视媒体不可或缺的栏目、节目评定和业绩考核的重要指标之一。

在这种以受众为本的思想影响与自身发展的需求推动下，教育电视媒体被裹挟着进入市场，拼收视、拼广告、拼份额，一部分教育电视媒体渐渐淡化了教育、公益本质属性，以至沦为以教育类节目为点缀的综合频道。

4. 媒体经济性批判视角

媒体内容从"宣传品"演变为"产品"的过程，从市场经营的角度来看，是以庸俗、媚俗、恶俗等娱乐形式吸引眼球，提高收视率，拉动广告收入，这种逻辑导致娱乐节目急剧膨胀。学者们认为，"在表面上来看最主要的特征就是

---

① 谢金文/著，《中国新闻史纲要》，化学工业出版社，2011年版，第129页。

内容的'娱乐化'和类型的'多样化'，而隐藏在这些现象背后的逻辑则是市场理性的普遍运用和文化的大规模商品化；种类繁多的娱乐节目遍地开花；在海外获得市场成功的广播电视节目被大批复制；倡导'公民意识'和'市民社会'的'新闻商品'不断贴近民生；'娱乐频道'、'影视频道'、'音乐频道'在频道专业化大旗下成批涌现……"① 但是，学者们不无担心的是，"这种以电视为中心的文化消费与真正的公民身份的互换不一定能满足中国社会日趋多元的公共传播需求。"② 这类有批判意识的描述和提醒，读起来发人深省，但在广电媒体日益市场化、产业化浪潮面前，却显得十分苍白和无力。

广电媒体评估指标出现的偏颇，市场化程度的加剧，对广告的重度依赖，使得电视媒体更加趋向于制播以娱乐为目的的节目，因为这类节目既可以规避政治风险，又可以获得收视份额，受到追捧是自然和必然的选择。但是，这种状况并不是绝大多数公众的愿望，更不是社会精英和媒体高层管理者所期望的。对于因过度商业竞争导致的现象，学者赵月枝总结认为，"电视员工队伍的都市富裕社会文化身份，使中国电视自然而然地倾向都市富裕消费者的需求和感觉。虽然中国电视将绝大多数人口纳入观众队伍，但乡村农民、普通工人和都市底层人民、儿童和老人，他们的声音和文化需求常常是被忽视和边缘化的。"③ 目标市场的分层对待，显然把后者划入了没有或者少有广告传播价值的群体，这是媒体商业化的必然结果。

媒体经济性的过度扩张，显然受到了多方的质疑。事实上，党和政府也不断通过行政手段给予抑制，尽管收到了一定的成效，但是，弹压终究不是唯一的选项，媒体公益性成为正在成长中的属性和保持媒体公信力的另一极。尤其是以中央台为代表的主流媒体始终没有把媒体的公益性、公信力抛在一边，尤其是当政治性与经济性出现冲突时，经济性总会让位于政治性。

有学者认为，"在计划经济体制时期，我国的传媒行业属于非营利性质的事

---

① 胡正荣、李继东/主编，《中国广播电视公共服务体系：目标与实践研究》，中国广播电视出版社，2010年版，第57页。

② 赵月枝/著，《传播与社会：政治经济与文化分析》，中国传媒大学出版社，2011年版，第189页。

③ 赵月枝/著，《传播与社会：政治经济与文化分析》，中国传媒大学出版社，2011年版，第188页。

业单位，是党的宣传工具和社会公益事业的重要组成部分，主要的资源补偿机制是国家补贴。"① 尽管在那个年代，人们对媒体的公益属性并没有很好地认知，然而，事实上，其公益作用总是存在的。在政治属性范畴中，也隐含着公益属性的因子和主张。

综观我国广播电视媒体制度变迁轨迹，可以看出，其实质是政治、经济这两大因素在广播电视媒介制度变迁过程中发挥各自的作用，是政治和经济两股力量博弈的结果。时至今日，媒体的政治属性和经济属性依然呈现出博弈状态。经济属性一直试图摆脱政治属性的约束，成为市场的独立因素，而党和政府所赋予媒体的喉舌作用，又不能让媒体成为市场的自由经济体。因此，媒体表现出在两种效益之间的挣扎，也即小心谨慎地把握着社会效益和经济效益间的平衡，在政令的规范中和社会各界的呼吁下，常常表现出此消彼长的状态。

二、经济性与公益性的博弈

改革开放后，国家大力推进、发展和完善社会主义市场经济。新的经济政策的发布以及商品信息的快速流通等，自然离不开媒体传播，媒体的经济属性被发现、承认和放大，在国际媒体发展的比照下，经济指标逐渐成为衡量媒体自身发展的重要指标之一。分析这段媒体历史，才能更好地认清教育电视媒体所处的政策环境、社会环境和发展环境。

1. 宏观政策层面对经济属性的强化

学者陈昌凤认为，中国的传媒，从古到今，主要是在政治功能的框架下变迁和发展的……近现代的政党报刊，都以政治功能为主旨……中国传媒社会功能的单一化，与政治体制、社会形态相关……关于中国传媒的经济功能，一直只是政治功能之后的一条隐线。② 在政治传播时代，"政党传媒一直发挥舆论导

---

① 梅明丽/著，《传媒制度分析和战略重构》，上海世纪出版集团，2011年版，第66页。
② 陈昌凤/著，《中国新闻传播史：传媒社会学的视角》（第二版），清华大学出版社，2009年版。

向和喉舌耳目的功能，这也是中国长期以共产党机关媒体为主流的一大特征"①。然而，中国社会进入到经济时代后，制度并没有对媒体进行与之相适应的安排，反而是经济发展在推动媒体进行着内生性的增量式变革，常常是政策在进行追认式的调整。当然，媒体的经济功能是在"政府完全垄断市场"②的前提下实现的。

正如陈昌凤所指出的，改革开放后，"新闻改革有所突破，新闻传播对社会各个方面、事业的各个层面，都发挥了重要的功能"。③ 1978 年，邓小平提出把全党全国人民的工作重心转移到四化建设上来，强调新闻宣传要为经济建设这一中心服务。事实上，为媒体打开市场之门的却是一次重要会议。1983 年，第十一次全国广播电视工作会议在北京召开，会议提出一条"提高经济效益，广为开辟财源，以补充国家拨款不足"的经济政策，与此同时和稍后还出台了其他一些相关的规定，这为广播电视开展有关经营活动提供了政策依据。1984 年，邓小平给《经济参考报》题词，"开发信息资源，服务四化建设"。④ 这更加为媒体从事经营活动吃了定心丸。众所周知，在中国，中央高层领导的表态是政治走向和重要政策出台的风向标之一。

1992 年 6 月，中央和国务院发布《关于加快发展第三产业的决定》，决定认为要"建立充满活力的第三产业自我发展机制，现有大部分福利型、公益型和事业型第三产业要逐步向经营型转变"。决定提出，广播电视属于第三产业。至此，广播电视的经济属性得到官方承认，并为此后的发展奠定了基调。

1998 年至 1999 年间，广电媒体产业化、集团化进入高潮。1999 年，原国家广电总局发出《关于加强广播电视有线网络建设管理意见的通知》，要求"在省、自治区、直辖市组建包括广播电台和电视台在内的广播电视集团的基础上，将网络传输公司纳入集团"。事实证明，这成为一次广电媒体领域里的

①　陈昌凤/著，《中国新闻传播史》（第二版），清华大学出版社，2009 年版，第 329 页。
②　胡正荣、李继东/主编，《中国广播电视公共服务体系：目标与实践研究》，中国广播电视出版社，2010 年版，第 58 页。
③　陈昌凤/著，《中国新闻传播史》（第二版），清华大学出版社，2009 年版，第 322 页。
④　新华社新闻研究所/编，《邓小平论新闻宣传》，新华出版社，1998 年版，第 12 页。

"大跃进"，主要是由于忽视了各地媒体发展的差异性和复杂的产权关系，结果导致不少"翻牌"集团出现。所谓媒体集团，并没有真正促进媒体生产力大发展，而且，还出现新的现象，那就是"随着广电集团的成立，广播电视媒介在适应市场经济改革过程中作为营利性企业的角色受到争议，公益性服务受到商业化力量的侵蚀"①。由此可以看出，市场经济也有其固有的缺陷和弊端，尤其是作为提供公共服务的广播电视媒体在产业化的道路上不可能一蹴而就。事业和产业分而治之的顶层设计还要经过实践的检验进行不断调整与完善。

学者赵月枝认为，我国传媒"虽然商业逻辑和资本逻辑在政策层面不断被强化，并且在媒体的日常实践领域成了主导逻辑，但是，在原则上，商业逻辑和'经济效益'始终从属于'社会效益'的考量"②。看起来，中国传媒的经济属性来得太匆忙，又没有进入产业经济部门管理，终究无法茁壮成长起来。只有在市场经济体制中，其市场主体地位明确后，传媒本质上具有的经济属性潜力才能逐渐释放出来，其经济功能才能真正有所发挥，让媒体戴着镣铐跳舞终究难成大器。

从报业到广播电视逐步开始出现"事业单位，企业化管理"的运行模式，报业直接被推向市场，成为市场主体，媒体的经济属性被提升到前所未有的高度。无论是媒体主管上级还是媒体机构自身，对媒体的经济相关指标更加重视，对市场地位更加重视，与此同时，喉舌功能、公益功能和文化功能等受到不同程度的抑制。

改革开放之初，尽管全党以经济建设为中心，但是，中央也没有放松过对媒体的管理。譬如，1985 年，邓小平同志就对涉及精神领域的事业部门提出了非常明确的要求，他在《中国共产党全国代表会议上的讲话》中指出："（包括新闻部门在内的）思想文化教育卫生部门，都要以社会效益为一切活动的唯一准则，它们所属的企业也要以社会效益为最高准则。思想文化界要多出好的精

① 胡正荣、李继东/主编，《中国广播电视公共服务体系：目标与实践研究》，中国广播电视出版社，2010 年版，第 69 页。

② 赵月枝/文，"构建社会主义的公共性和文化自主性？——重庆卫视改革引发的思考"，《新闻大学》，2011 年秋季号。

神产品，要坚决制止坏产品的生产、进口和流传"。① 江泽民同志在论述精神产品与物质产品的关系时指出，"精神产品具有不同于物质产品的特殊属性，它的价值实现形式更重要地表现在社会效益上"，并且要"坚持把社会效益放在首位，在这个基本前提下实现经济效益和社会效益的统一……"② 中央高层对此问题是清醒的，管制也是十分坚决的。在我们看来，与其到出现大问题的时候重新来过，倒不如事前有所预警做得更好。媒体导向出现的偏差一旦导致人民思想层面出现混乱，媒体所获得的那点经济效益就算不得什么了。

在我国，表面看起来，传媒的发展空间和水平基本上取决于制度的安排和释放的市场空间，事实上，经济力量的推动和社会的需求也是极为重要的因素。为了提升媒体发展水平，学者们却往往对体制的束缚大加批评，认为"新闻体制是传媒业发展水平的决定性条件"。③ 更有学者认为，"中国电视业可视为中国从计划经济向市场经济转型过程中的一个独特部分，它从 20 世纪 70 年代末以来经历了前所未有的变化，即从一个单纯的政治宣传机构演变为政治性与商业性结合的大众传媒。"④ 什么时候思想解放一些，管制放松一些，传媒的发展就会快速一些，否则，就可能裹足不前，只能进行局部的小范围的变革。因此，分析传媒制度变迁，有利于对传媒功能的认知与把握，也能更好地理解媒体公益性的由来与未来。

2. 事业身份与功能裂变

媒体事业身份奠定了公益性的组织基础。

新中国成立之初，媒体是按企业管理的，像其他一般企业一样照章纳税，报社、杂志社自负盈亏。后来，国家推行计划经济，作为中共喉舌的传媒自然也进入了体制内。"这种所有制确立于 1952 年'公私合营'之后及 1957 年开始

---

① 王芳/文，"邓小平新闻思想的理论精华和实践意义"，《中国广播电视学刊》，2011（6）。
② 引自中华全国新闻工作者协会/编，《学习马克思主义新闻观》，吉林人民出版社，2001 年版，第 381 页。
③ 陈昌凤/著，《中国新闻传播史》（第二版），清华大学出版社，2009 年版，第 366 页。
④ 赵月枝/著，《传播与社会：政治经济与文化分析》，中国传媒大学出版社，2011 年版，第 181 页。

财政体制改为以政府供给为主导，即确立了新闻媒体的'事业单位'属性"，①为党和政府服务成为媒体的基本功能和根本任务。1982 年版的《中华人民共和国宪法》第二十二条规定："国家发展为人民服务、为社会主义服务的文学艺术事业、新闻广播电视事业、出版发行事业、图书馆博物馆文化馆和其他文化事业，开展群众性的文化活动。"② 这就从制度上强化了新闻媒体的事业本质，但从另一方面，政府也认识到了媒体的文化传播属性，为以后的公益文化传播埋下了伏笔。譬如，近年来，公益文化得到大力提倡和发展，越来越多的图书馆、博物馆、文化馆成为免费向公众开放的社会资源。

改革开放后，经济的大潮席卷社会各个层面，并对作为事业单位的媒体形成最直接的冲击。作为经济发展晴雨表的媒体首先感受到经济的温度，受到市场的诱惑，变革的冲动自然而生，遇到的第一个障碍便是事业身份性质。所谓"事业性质"，实质上"更多的是政治层面或者意识形态上的界定"，③ 但在面对市场时，其经营行为与其他企业并无二致。"事业性质，企业化管理"成为媒体的两难选择，常常造成媒体人的立场和价值观分裂。显然，假若把媒体混同于一般性企业，那么，所带来的后果也是不堪设想的。毕竟，媒体传播的是精神产品，对人的政治思想、价值观念、社会和谐等诸方面都能带来巨大影响。这是因为，"利益集团对政策的博弈能力正在形成，而一些媒体在经过了市场化过程以后，也与某些利益集团形成了千丝万缕的联系，在某些问题上，它们为特定的利益集团提供了舆论阵地"。④ 利益集团若控制了媒体的声音，必然对政治、民主、文化、价值观等各方面产生影响，这当然是危险的。

1993 年 9 月 19 日，原广电部与财政部联合召开了新中国成立后的第一次"全国广播电视财务管理工作会议"。会议强调，要"鼓励事业单位推行财政包干管理办法，调动部门多渠道筹集资金发展事业，要鼓励事业单位在增加收入的同时实行综合财务计划管理，进一步强化广播电视财务管理改革，有条件的

---

① 陈昌凤/著，《中国新闻传播史》（第二版），清华大学出版社，2009 年版，第 366 页。
② 《中华人民共和国宪法》，1982 年 12 月 4 日全国人大公布施行。
③ 陈昌凤/著，《中国新闻传播史》（第二版），清华大学出版社，2009 年版，第 367 页。
④ 汪凯/著，《转型中国：媒体、民意与公共政策》，复旦大学出版社，2005 年版，第 129 页。

单位实行由全额预算管理向差额预算管理、由差额预算管理向自收自支管理、由自收自支管理向企业化管理过渡，而不改变事业的性质"。同时，会议也强调，"财政拨款仍然是发展广播电视事业的主渠道，广播电视系统的收入纳入预算内管理，视同财政拨款，免交所得税和'两金'（能源交通重点建设资金和预算调节基金）。"① 事实上，时至今日，政府财政拨款在媒体总资金中的比例越来越小，甚至到了微乎其微的比例，所谓主渠道也仅仅是概念上的了。

3. 若隐若现的公益性

广电媒体功能分化的重要方式之一就是不同的功能开始由专门的频率和频道承担。20 世纪 80 年代以后，由于电视业的快速发展所形成的市场压力，广播业寻求变革，形成了按内容分类的专业频率，如新闻、生活、文化、音乐、经济、体育等，后来，电视频道也进行了类似的调整。在这样的形势下，无论是为公共服务还是为公益服务，只能是一种点缀，或者是满足政府临时性的要求。正如胡正荣所指出的，"单一的公共并不存在，不同层面上的公共存在于不同的利益和权力中。"② 假若借用这一原理，我们认为，单一的全民公益很难实现，真正有意义的公益存在于不同社会发展时期和社会需求中，在政府对媒体的要求中或媒体的自觉行动中，尤其是具有社会良知和责任感的媒体人，会把公益、人文关怀渗透于媒体节目和媒体行动中。

电视媒体产业的快速发展，在市场不断扩大的同时，分化也越来越严重，马太效应初现。20 世纪 90 年代后期，教育电视媒体坚守教育和公益，并不能全面平等地参与电视媒体的市场之争，加上电视技术和装备更新换代投入巨大，在激烈的竞争中，处于不利的地位。进入新世纪后，原国家广电总局采取再度集中和巩固全国市场的政策，使得全国绝大多数市县级教育电视台（站）难以为继。在政策的调控下，县级广播电视台、电视台、有线电视台和教育电视台

---

① 胡正荣、李继东/主编，《中国广播电视公共服务体系：目标与实践研究》，中国广播电视出版社，2010 年版，第 31 页。

② 转引自：胡正荣、李继东/主编，《中国广播电视公共服务体系：目标与实践研究》，中国广播电视出版社，2010 年版，第 59 页。

（站）被彻底合并为一体，部分市级教育电视台被合并为广电的一个频道甚至被取消了。特别是进入新世纪，文化产业政策出现后，客观上，对教育电视媒体的挤压更为严重。正如业内研究者李向阳指出的，"如果仅仅在口头上讲公共媒体的公共性与公益性，或者仅通过政策去促进文化产业的发展，而涉及全局的分类改革的理论创新、政策创新跟不上去，最大的危险将是在高调发展文化产业的同时，继续压抑面向海外、面向个性化服务的新闻传媒产业的发展，同时又悄悄地挤压公共服务空间、削弱公共服务的能力、降低其公共服务的品质。"① 这种论断显然不是危言耸听，而是对媒体发展方向的担心，更是一种对政策空间的期盼。

这一时期，媒体受经济力量的影响甚至是支配比较严重，业界为找到自身经济增长的方式而沾沾自喜，理论界也为有了新的学术增长点而兴奋，但是，毕竟电视媒体行业不同于一般经济部门，在社会转型期，一批理智的学术界人士，也有了更多更深层的思考与分析。其中，关于媒体公益性、公共性以及社会效益的研究交织在一起，党和政府主管部门不时进行的纠偏动作，也在提醒着媒体在商业化道路上不要走得太远。

在实践中，经济属性与公益属性是相互制衡和发挥作用的。中国已史无前例地进入到社会主义市场经济阶段，经济属性日益成为媒体更加重要的方面，尤其是作为文化产业的重要组成部分，其发展策略已上升到国家软实力建设的高度。媒体的经济属性也不再是可有可无，更不可能是可大可小了。显然，在保持政治属性不变的前提下，大力提升经济属性水平自不待言。媒体逐利对和谐社会建设所带来的负面作用亦是暴露无遗。但是，我们也发现，在不少经济属性占上风的媒体中，也呈现出公益的因子，在公益思想支配下的公益行为也越来越多。因此，可以说，公益属性地位的提升成为继政治属性和经济属性后的又一重要相互制衡力量。

每个人都生活在某个社会阶层中，与社会进行物质和信息的交换，用自己的劳动换取个体所需的生活资料、信息和服务，同时，也要做出对他人和

---

① 李向阳/文，《论通向分类运营的政策创新》，《现代传播》，2011（3）。

社会有利的事被称为利他行为，如帮助有需求的他人等。作为企业，生产个人或其他组织需要的合格产品或服务是其存在的前提，利润是其第一追求，同时，也要承担相应的企业社会责任（CSR，Corporate Social Responsibility），譬如，生产过程中不能破坏环境，不能有损人类的健康等。媒体作为政府设立的事业部门，更多的是承担为公众提供服务的职能，尤其是提供精神产品的机构，其社会效益应是第一位的，经济效益则是第二位的，甚至后者是前者的副产品，两者不可偏废。同时，媒体机构更要承担独特的社会责任，这种责任包括导向责任，譬如：舆论、价值、文化、道德、法律、教育等层面的正确引导。

现阶段，尽管媒体的公益行动也不少，可以说此起彼伏，但从整体而言，全国电视媒体的公益性，仍然属于被边缘化的属性和功能。然而，随着社会的发展，人们发现媒体除了具有政治功能、经济功能之外，还应当担负起普及、提高和促进教育，保护、发展和创新文化，促进公民全面发展、社会和谐进行的公益功能。或者，就本质而言，公益也正是媒体之社会效益的重要呈现方式。

研究发现，尽管中国目前没有真正意义上的商业媒体，尤其是广播电视整体被严格禁止成为企业性质，这都是为了从制度上保证广播电视媒体社会效益的发挥。而事实上，若从批判的角度加以分析，"整个中国的大众传媒日益地城市中心化，为追求广告目标受众而中产阶级化，这其实构成了中国社会整体转型的一个重要组成部分。与此同时，工人、农民变成了被遗忘的人群，成为大众媒体中被表现的'他者'，而不再是主体性的存在。"[1] 媒体厚此薄彼的功利行为，毫不夸张地说，已在剥夺这些群体的公共权利，因为，"农民能看到的也不过是城市中心主义与消费主义对他们的改造。而过去那种互动的、循环的群众路线模式在传媒业的市场化改革中已经不见了"[2]。这不是危言耸听，由媒体促发的人为的精神层面的阶层分化，跟我国贫富分化一样，"娱"民和"愚"民都是媒体的一厢情愿，等公众觉醒的时候，就可能转化为社会动荡的诱因。

---

①②　吕新雨、赵月枝/文，"中国的现代性、大众传媒与公民性的重构"，《传播与社会学刊》，2010（12）。

在这种商业化的浪潮中，公众对媒体公共服务和公益性的需求与渴望变得更加重要与迫切。

第三节　媒体管理制度层面的剖析

媒体作为社会公器，其社会行为受到社会制度的制约，是由政府所设立的一套制度来规范、约束和促进媒体发挥作用的。如何理解媒体制度？有研究者认为，"媒介制度是社会制度的一个重要分支，是一种与媒介生产经营等行为有关的社会、政治及经济行为，包括法律秩序、制度安排以及风俗习惯和意识形态等。"[①] 也许正是由于媒体制度所可能涉及的复杂的社会层面，我国至今仍未形成完善的媒体制度管理体系。

一、媒体管理制度层次偏低

到目前为止，我国也没有形成真正"法律"层面的媒体管理制度，对媒体的管制依然停留在"条例"、"规定"、"通知"、"指示"、"讲话"等低层次水平上。据统计，1999 年，国家广电总局与相关部门联合发布的行政规章和规范性文件有 28 件，2000 年达 30 多件。[②] 只有 1997 年 8 月 11 日，国务院颁布的《广播电视管理条例》，依然是层次最高的法规性文件，然而，面对日新月异的媒体和社会发展实践，其中不少条款显然已经不合时宜了。人们可以看到，在国家管理层级上，宏观、中观和微观制度是混杂实施的。大到全国性的媒体宏观指导，小到某一类栏目、节目的制作播出都有可能出台相关的管理措施。对某些参与性活动也会做出地域、场次甚至播出时间的规定。

---

① 胡正荣、李继东/主编，《中国广播电视公共服务体系：目标与实践研究》，中国广播电视出版社，2010 年版，第 94 页。

② 转引自：胡正荣、李继东/主编，《中国广播电视公共服务体系：目标与实践研究》，中国广播电视出版社，2010 年版，第 30 页。

为什么会出现这样的情况？本研究认为，主要的原因有三个：（1）政府管理层对媒体本质属性的认知尚有一定局限性，譬如，赋予媒体政治属性的"权重"过高，而公共属性"权重"却偏低，导致其公益功能受到抑制；（2）媒体出于自身发展的需求，对其经济属性太过倚重，而广电媒体所实施的"事业属性，企业化管理"政策则是其直接的推动力；（3）社会对媒体公共服务认知有限，媒体不能够被社会公众有效利用。受长期以来媒体政治属性过强的影响，公众仍然认为媒体是权力的延伸，而不能够把媒体当做表达自身利益的"公器"，其公共功能受到抑制。这样，尽管学者们的呼声不绝于耳，但是社会呼声却偏低，媒体法规层面的变革缺乏广泛的群众基础，因而对媒体公益性和公益价值的认知必然受到影响。

具体到教育电视媒体管理，据统计，相关法规见表3－1：

表3－1　有关教育电视台的法律法规一览表

年份	内　容	颁布机构
1989	《地方教育电视台站设置管理规定》	国家教育委员会
1994	《关于加强地方教育电视台站管理的通知》	国家教育委员会
1996	《关于教育电视台、教育电视收转台管理暂行办法》	广播电影电视部 国家教育委员会
1996	《关于对教育电视台进行检查评估的通知》	国家教育委员会办公厅
1997	《广播电视管理条例》	国务院
1997	《关于广播电台、电视台、有线台、教育电视台重新审核登记的通知》	广播电影电视部
2001	《关于市（地）、县（市）广播电视播出机构职能转变工作的实施细则（试行）》	广播电影电视总局
2002	《关于推进市（地）、县（市）广播电视播出机构职能转变工作的意见》	教育部 广播电影电视总局
2004	《关于市（地）、县（市）教育电视播出机构职能转变工作的实施细则》	广播电影电视总局 教育部

从1989年原国家教育委员会颁布规定准许设立教育电视台，到对市（地）、

县（市）教育电视台进行职能转变，也只有短短 12 年的时间。时至今日，尽管全国教育电视台作为一个行业发生了巨大变化，相关的法律法规建设却没有能够及时做出相应调整，尤其是涉及教育电视台内容的也只有《广播电视管理条例》第四章第四十四条"教育电视台应当按照国家有关规定播放各类教育教学节目，不得播放与教学内容无关的电影、电视片"的规定，2002 年颁布的《关于推进市（地）、县（市）广播电视播出机构职能转变工作的意见》中，提出了省级教育电视台主要任务是："接收、转播中国教育电视台的远程教育节目和信息资源，完成本省远程教育节目和信息的整合、播出、传输；转播中国教育新闻节目，并做好当地教育新闻的宣传；参与当地教育信息化建设；可自办一定数量的学校教育、家庭教育和社会教育节目"，对于后一条，显然是对前述《广播电视管理条例》的解释。很明显，所颁布的法律法规也多为约束性规定，而促进其发展的政策却几乎为空白。然而，"可自办一定数量的学校教育、家庭教育和社会教育节目"却也为省级教育电视台打开了一扇门，由于学校教育、家庭教育和社会教育合起来构成国民教育体系，为此，可以理解为教育电视台是可以为国民教育服务的，而不像以前所理解的教育电视台为学校教育的组成部分，主要为学校教育提供服务，事实上，若分析学校教育各环节，却很难发现大众传播媒体的用武之地。

二、理论界的制度设想

为了减少媒体政治性、经济性和公益性之间的各种冲突，使之协调共生，极大释放媒体社会作用，理论界提出对媒体实行分类管理的构想已有多年。尽管概念和描述各有不同，但基本上均属于"三水分流"的模式。

媒体资深研究者李向阳提出了如下的基本思路[①]：媒体可以这样划分：A 类，国家政治性媒体——"在党、政府与人民群众之间发挥桥梁作用"，产权上属于国有，主要为政党和国家的政治利益服务；B 类，社会公共性媒体——

---

① 李向阳/文，《论通向分类运营的政策创新》，《现代传播》，2011（3）。

"产权性质上归社会公众所有，坚持社会本位，更侧重于面向基本干群或社会公众，提供普遍的基本公共服务，以提供高品质、多样化、普适性强的传播服务取胜"，产权的股份也可能是多元的，主要面向公众，为社会基本需求服务；C类，市场经济性媒体——以独立的市场主体，参与到文化产业框架中发挥作用，在法律法规范围内自主经营，实行有偿传播。其中，C类媒体在国际传播中担当独立传播主体，非常有利于消除他国对中国媒体的政治偏见，有利于公正、客观地传播中国形象，提升国际影响力。

李向阳还特别指出，从本质上看，"三类媒体都是党和政府的喉舌，只是在侧重点与表达方式上有所区别而已"①。针对三类不同功能的媒体，建立三个基本管理框架，即"基本公共文化服务体系、现代市场体系与政府监管体系"②。其中，基本公共文化服务体系体现了"在党和政府提出全面建设小康社会的战略目标之后，尊重和保障人民群众基本文化权益的文化民生成了最基本的执政理念之一"③。看起来，这似乎是一个理想的制度管理框架，但是，若想在同一家媒体集团内实施分类管理，又该如何进行呢？除非采取对集团拆分重组的方式，更何况不同的媒体还有不同的上级主管部门。这必然要求媒体集团进行大幅度改革，不然，就只能在其内部实行"一个媒体，三种体制"，难以想象会出现怎样的情况。

研究者之所以提出如上的设想，主要是基于一个基本的论断，甚至是忧虑，这就是"民主、公正和社会良知，不能与资本同台竞技。硬要同台竞技，民主、公正和社会良知便会退化为资本的奴仆，人民民主公器的传播理念将荡然无存"④。正如学者赵月枝所认为的，"一方面，电视作为大众传媒的发展是在中国政治经济、技术与社会转型这个大背景之下的；另一方面，中国电视政治性和商业性深刻地影响着中国社会转型的过程本身。"⑤ 事实上，中国电视的政治性和经济性只是显性的两个方面，在社会转型过程中，一些电视媒体并没有完全把公益性遮蔽掉，只是在学者们看来，这种公益性，没有被放在比政治性和

---

① -④　李向阳/文，《论通向分类运营的政策创新》，《现代传播》，2011（3）。
⑤　赵月枝/著，《传播与社会：政治经济与文化分析》，中国传媒大学出版社，2011 年版，第 181页。

商业性更重要的位置上而已，但是，在进入新世纪后，伴随着党和政府对社会建设的日益重视，对国家软实力建设的更加重视，公益性才愈加凸显出来，并日益成为学者们屡屡讨论的话题。

三、媒体内部的公益性探索

本研究认为，电视媒体的三种属性在传播效果上表现为三种效益，政治效益、经济效益和社会效益。在政府媒体规制的话语体系中，常常把政治效益和社会效益通称为社会效益。即便是按照上述"三水分流"的分类方式进行媒体管制，社会效益也不能退居于经济效益之后。这是因为，从逻辑上分析，两者的关系是这样的，"社会效益是目的，经济效益是手段，经济效益是为社会效益服务的，经济效益的好坏反过来会影响新闻宣传报道质量，影响舆论引导水平"。① 譬如，浙江广电集团提出的"导向金不换，收视硬道理"原则，山东广播电视台提出的"既要正确导向，又要黄金万两"都是对社会效益和经济效益兼顾的形象化表述。总之，社会效益和经济效益好比一个人的双腿，相互协调好步调才能安全平稳地前行。

以山东广播电视台齐鲁频道为例。自1996年成立以来，始终肩负主流媒体的社会责任，以"大爱"之心化为民生力量，以公益榜样构建爱与温暖的和谐社会。尤其是2011年下半年开始，齐鲁频道品牌定位升级为"公益齐鲁 公信天下"，以"公益、公信"统领节目、活动、经营创新。围绕这一核心价值理念，齐鲁频道在节目创新、频道经营、精品创作、媒体影响力及美誉度等方面均位居全国省级地面频道首位，成为领军全国地面频道的"TV地标"，政治导向、经济效益和公益效益得到有机协调，形成综合传播力和影响力，其成功经验包括三个主要方面，即以队伍承载理想、以内容构建品牌和以活动凸显公益。

以队伍承载理想。频道重视职业道德，打造作风扎实、业务过硬的新闻宣传队伍。齐鲁频道主持人、记者轮流到农村住村，他们打起背包进农家，干农

---

① 李寒清/文，"江泽民舆论导向思想研究提要"，《电视研究》，2011（6）。

家活、吃农家饭，和村民们同吃同住同劳动。艰苦的基层采访经历，让年轻主持人得到了历练，也加深了与人民群众的感情。他们察民生、听民意，反映百姓所思所感，为当地发展出谋划策，在全省各地受到欢迎。

以内容构建品牌。2011 年以来，构筑每天 300 分钟民生新闻节目族群。作为"公益齐鲁　公信天下"理念的主要载体，《小溪办事》节目于 2012 年元旦开播，主打公益牌，为民办实事，主动做政府联系群众的纽带，体现了浓厚的帮扶色彩和慈善特色，"有困难，找小溪"的观念已深植山东观众心中。"救助哮喘病男孩"、"爱心接力，援助警嫂"等救助活动获得社会各界的赞誉。

以活动凸显公益。媒体既要有日常的公益节目/栏目，同时，更要有亮点活动以提升社会关注度和影响力。譬如，"爱心白菜传递爱"公益义卖，为菜农解燃眉之急；《拉呱》连心桥，解决百姓出行难；"齐鲁大篷车，公益三下乡"，为农民送去立体式贴心服务；"小溪书屋"为欠发达地区孩子送去精神食粮；发起成立齐鲁公益献血联盟；牵头成立齐鲁公益联盟，举办"首届齐鲁公益盛典"等。连续不断的公益活动激发了公众对公益的热情参与，也塑造了媒体的良好社会形象。

事实上，即便是在西方商品社会中，媒体的公益性也没有被完全抑制。近年来，西方的社会精英们察觉到媒体商业化带来的危害，正积极地采取管制措施加以纠偏，按照学者赵月枝的研究，在西方媒体商业化的社会中，"即使在美国，商业性广播电视按'公共利益'原则被国家管制这一点并没有被新自由主义大潮完全动摇，所谓'管制去管制化'（Regulate Deregulation）的目的正是为了在倾向市场原则的同时，保证公益利益"。[①] 本研究认为，中国作为社会主义国家，更加具有各种制度资源优势和控制能力，使我国的媒体少走弯路，向着正确的方面发展。

---

① 赵月枝/文，"构建社会主义的公共性和文化自主性？——重庆卫视改革引发的思考"，《新闻大学》，2011 年秋季号。

第四章
教育电视媒体
公益性内涵

　　我国电视媒体的管理有两个系统，即广电系统和教育系统，各自的最高管理机构分别为国家新闻出版广电总局和教育部。中国的电视媒体肇始于1958年，大众传播意义上的教育电视媒体出现于1980年，多数隶属于教育系统，也有个别频道隶属于广电系统，如浙江电视教育科技频道（原浙江教育电视台），也有两家共管，如四川电视台科技教育频道（四川教育电视台）。在进入新世纪后，尤其是近几年，无论是广电媒体，还是教育电视媒体，从播出内容到社会行动，公益实践越来越普遍。媒体公益性的提升，预示着一个新的传播时代——公益传播时代的到来。本章主要论述教育电视媒体公益性的源流与内涵，并从理论视角加以阐述。

第一节　教育电视媒体公益性的源流

　　教育电视媒体公益性的提出，不是凭空的想象，而是"电视媒介"与"教学"、"教育"需求共同发展到一定阶段的特征显现。教育电视媒体公益性源流基本上有两条线，一条线是课堂中的"教学电视"，大致走过了"教学电视"和"校园电视"以及"教育电视媒体"阶段，正在向着"公益电视"演变，换言之，教育电视由教学辅助手段、远程教育渠道演变为大众传播媒体后，本质属性和功能发生了巨大变化；另一条线是电视媒体本身，社会发展、公共服务需要提升了社会对电视媒体的需求，推动教育电视媒体向着公益性方向发展，其中，媒体对民主政治公共空间的尝试与公共文化建设是最为重要的社会因素。在某种意义和程度上，教育电视媒体的存在，不仅为我国电视媒体行业增添了新的角色，提供了差异化的内容和服务，形成了广电媒体系统和教育电视媒体体系两元并存的局面，就媒体事业和产业发展来看，教育电视媒体还在于其公益性传播，打破了广电媒体的行业垄断，并在一定程度上，为媒体过度商业化、娱乐化提供了抑制力量，同时，也是对大众传播理论本土化的创新。

一、从校园传播到大众传播的公益性基因

"教育电视"，英文为 Educational TV 或 Instructional TV，后者一般译为"教学电视"。在中国，教育电视起源于"教学电视"，而"教学电视"源自于"电化教育"或"视听教育"（20 世纪 90 年代后，多称为"教育传播与技术"或"教育信息技术"），并经过了由课堂"教学电视"到"校园电视"的变化，目前这两种形态在学校教学和教育过程中仍然是并存的。在自身发展需要和外部环境共同推动力量下，教育电视媒体正处于向公益媒体演进过程中。教育电视如何能真正地成为公益媒体？本研究认为，在社会转型期，教育电视媒体恰恰有机遇作为文化、教育改革的特区，率先担负起公益媒体传播平台实验之角色，为中国社会主义新闻传播理论以及教育媒体传播实践做出有益探索。

1. 教学电视——校园内的"定向传播"

教学教育传播系统引入现代信息技术引发了教育的革命。教学媒体进入教室，把信息传播理论与应用引入了课堂，提高了教学效率和教育质量；闭路电视在校园（包括高校和中小学校）的应用，出现了校园电视传播系统；大众媒体传播技术（主要为无线、有线和卫星方式）在社会教育中的应用催生了远程教育（Distance Education）和教育电视媒体。这就是媒体传播技术走过的"课堂→校园→社会"三部曲，呈现了其在不同领域中的拓展与应用所引发的国民

教育①体系——学校教育、社会教育和家庭教育的业态变化。

课堂教学传播系统

在我国，20 世纪 80 年代，电化教育蓬勃兴起，许多高校利用电视技术编制电视教材，并在课堂上开展电视媒体辅助教学活动。当时，最为活跃的则是位于广州的华南师范大学和位于北京的国家教育部电化教育组。

1978 年 7 月 26 日，教育部向各省、市、自治区教育局发出《关于学校开办教育电视有关问题的通知》，通知指出：为保证电视广播的正常进行和电化教学的正常开展，特规定各校在开展电化教育活动中，原则上不举办教学用开路广播电视。彼时，教学电视并不具备大众传播的社会功能和属性。1978 年，华南师大购置了一批国外先进电教设备，由当时的校长潘炯华教授主持，现代教育研究室负责拍摄了《罗非鱼》等我国首批优秀的教育电视节目，在国内产生很大影响，受到广泛关注。1980 年，华南师大的李运林、李克东两位老师邀请周君达（中央电教馆）、王绥祥（华东师大）、徐志瑞（南京工学院）在广东从化温泉编写了《电视教材编导基础》讲义，之后分别在广州、南京、上海、石家庄先后举办了几期全国、全军性的电视教材编导培训班，对我国电化教育事业的发展产生了重大的影响。

1978 年至 1982 年，华南师大电教中心除积极开展电教教材编制与推广应用工作外，还在学校开设了"电化教育学"、"教育电视"、"教育电视设备系统"等公共选修课程。1983 年，华南师范大学正式成立电化教育系，自此有了正规的教育机构开展教育电视实践和理论研究工作，此后，该校又陆续招收教育电视方向硕士和博士研究生。目前，各地以师范类院校为主，设立了相关专业，其中，全国约有 50 多个教育技术专业硕士点，5 个博士学位授予点。

校园电视传播系统

随着闭路电视系统的应用，许多大专院校发现了其价值，纷纷成立学校电教中心或电视网络中心，传输公共教学课程，开展政治思想教育，并呈现教学与宣传功能并行的态势。

---

① 参见陈正良/著，《中国软实力发展战略研究》，人民出版社，2008 年版，第 265 页。

若从传播的角度来分析，电视手段在课堂或校园中的广泛应用，本质上是教学教育信息在封闭系统中进行的有控制的传播现象。这也是与大众媒体传播有着重要差异之处，毕竟，大众传播是对观众无控制的传播，任何人不能约束大众观看或者不观看特定的电视节目，有约束和无约束收看是区分教学电视和教育电视媒体的重要标志之一。事实上，随着互联网的普及化应用，教学电视和教育媒体都在发生着深刻而广泛的变化。

校园电视传播系统发展到今天，存在三种管理模式："资源中心"模式——与校园网络资源进行整合，作为校园学习资源中心，为师生提供一切必要的教学资源，这种模式注重内容的提供，多数为学校直属部门；"技术中心"模式——向师生提供更多更便利的技术装备，注重作为课堂辅助教学手段，多数由学校教务处管理；"宣传中心"模式——与校园网络、校内有线广播一起整合为媒体宣传中心，注重校园文化及宣传，多数由党委宣传部管理。这种模式常常参照电视台的做法开办广播、电视节目，并与校内网络一起，承担校内外的信息传播与宣传职能，这种模式也被认为是社区式教育媒体平台。

2. 教育电视——面向公众的传播

电视教材在学校中的普及，电视教育功能的开发应用，使得教育管理部门看到了教育电视技术的优势与效率。为了加快教育改革，推进教育均衡发展，尽快普及九年义务教育，20世纪80年代中期，原国家教委决定通过卫星电视手段把东部优势教育资源输送到中西部。于是便诞生了中国教育电视台、中国教育电视山东台（山东教育电视台）这样的卫星教育电视系统。

1980年8月，我国第一座省（区）级教育电视台获批在新疆开路播出。1986年，以中国教育电视台开播为标志，原国家教委获得了审批开办电视台的权力。全国各地政府和教育主管部门也看到了电视传播所带来的广泛效益，于是，原国家教委和原广电部开始批准各地兴办教育电视台和卫星接收站。20世纪90年代中期，如同广电系统的"四级办电视"一样，各级教育电视台纷纷开播，最多时全国有1200座省、市、县级教育电视台，7600座卫星接收站（1994年数据）。2000年12月20日，原国家广电总局发出了《关于有线广播电视台和无线电视台合并的有关事项的通知》，以此为开始，地方教育部门（尤其是市级以下教育部门）设立的教育电视台开始逐步被合并到广电部门或者被直接取消。2002 年，教育部、原国家广电总局《关于推进市（地）、县（市）教育电视播出机构职能转变工作的意见》下发，要求教育电视台与广电合作，取消县级教育电视台。2004 年，原国家广电总局、教育部又下发《关于市（地）、县（市）教育电视播出机构职能转变工作的实施细则》，要求合并工作于当年 10 月 30 日前完成。教育电视媒体经历了从无到有、从少到多，又从多到少的过程，这既是政策的调整，同时，也是市场选择的结果。若加以分析，能够保留下来的教育电视媒体基本上具备下面的特征：

（1）明确的服务对象。1980 年，新疆教育电视台开始播出汉语节目。1986 年 10 月 1 日，中国教育电视台卫星频道 CETV－1 和 CETV－2 开播，前者为学历教育频道，主要播出原中央电大（现国家开放大学）学历课程，后者为综合教育频道，主要面向各级各类受教育者和教育管理者，为其提供所需的教育教学资源。后来，增加 CETV－3 无线播出，面向北京地区，主要为科教节目。再后来，前两个频道定位进行了对调，体现出对 CETV－1 作为首套节目内容定位的重视，以及由远程学历教育向综合媒体演进的潜在变化。

1995 年 3 月 1 日，由原国家教委和山东省人民政府合办的中国教育电视山东台卫星频道（台标 *CETV－SD*）开播（2006 年后，呼号改为"山东教育电视台"，台标 *SDETV*）。双方签署的合作协议规定"在该频道播出节目以九年义务教育为主，播出时间不少于总时数的 70%，其余 30% 的播出时间可根据山东省教育需要，播出地方教育节目"。频道主要面向中西部广大中小学教师，教育教学管理者和学生家长。这样，全国性的卫星教育电视频道增加到三个，其余均为区域性频道。当年，原中共中央政治局委员、国务院副总理李岚清同志为该台正式开播题词："努力办好教育电视山东台，为全面贯彻教育方针，进一步提高教育质量，培养更多优秀人才做贡献。"可见中央领导人对卫星电视教育手段所寄予的厚望。

2000 年 3 月，在该台五周年台庆活动上，原教育部基础教育司司长李连宁说："中国教育电视山东台是为基础教育服务的专业电视台。5 年来，为我国九年义务教育普及，特别是提高教育质量，把优秀教育资源提供到一些边远地区，作出了很大贡献。"原教育部师范教育司司长马立说："特别应该提出来的是，山东教育电视台播出了大量的高质量的中小学教师培训课程，对中小学教师的继续教育作出了积极的贡献"。也就是在这一年，原国家教委在《国家教委关于在九十年代基本普及九年义务教育和基本扫除青壮年文盲的实施意见》中宣布，阶段性目标基本实现，教育主管部门对卫星教育的依赖骤然减弱，意味着卫星电视教育事业处在一个新的发展节点上，卫星电视教育向大众传播媒体的转型成为必然。为此，山东教育电视台自身也处于努力探索新的媒体定位和发展方向中，本研究即为台内外相关工作者集体思考的成果。

（2）节目限定与市场需求的矛盾。大约在 1997 年《广播电视管理条例》颁布至 2000 年，各地的教育电视台（站）基本上都是按照开办时的要求，播出教育教学节目，尤其农业科技节目受到农民的广泛欢迎，① 这倒是在开办教育电视台之初，教育主管部门所没有料想到的②。事实上，由于我国仍是农业大国，有线电视网络不发达，加之费用较高，在小城市以及农村观众中，还有很多要靠鱼骨天线收看开路电视，农民观众不仅比例较大，对教育信息的需要当然不如对农业信息的渴求，这也不难理解。换言之，教育电视媒体在实际上起到了提升农民农业科技素养的作用。

2000 年前后，以无线、有线、教育电视三台合并为标志，电视频道资源开始大范围整合，广电系统的合并，使得相关资源更加集中，对没有合并的教育电视媒体造成更大的生存压力，表现在广告经营方面，更加处于劣势。这是由于教育教学电视节目的收视群体与广告主目标群体并不相吻合。再者，电视是重装备的行业，没有大笔持续的投入，是不可能维持运转的，因此，一部分教育电视台就此自行关闭，一部分却开始在内容上进行突破，播出大量没有授权的影视节目，既失去了教育电视媒体的特色，又引发一系列版权问题及广告管理问题。

---

① 白传之/文，"卫星教育电视促进农村经济发展的动因分析"，《现代远距离教育》，1994（3）。

② 白传之/文，"依靠卫星电视　发展农村经济——湖南郴州地区卫星教育电视调查报告"，《现代远距离教育》，1995（1）。

（3）大众传播市场的发展分化。进入新世纪，我国市场经济的快速发展也给广电媒体带来了更激烈的竞争。教育电视媒体是为实施远程教育而生，原本就是为窄众服务的，在市场游戏规则面前，教育电视媒体处于天然的劣势，经费不足严重制约了再生产能力；同时，网络的迅猛发展和各地高校的扩招，通过网络课程学习和进入高校的人数大大增加，对教育电视媒体教学需求大大降低，全国的教育电视台数量因此大幅下降，如今生存下来独立运营的大约还有70多家，注册的不足50家，从业人员不到1万人，除了卫星频道，只覆盖到全国约三分之一的行政区域，加之教育部未设立统管教育电视媒体的专门机构，因此，教育电视媒体也难以称得上具有全国意义上的行业了。

时至今日，教育电视媒体存在的意义和价值也在发生深刻而久远的变化。本研究展开的调查显示，大致出现了三种分化，按财政体制、财务收入和播出内容等主要特征，可以分别称之为：广电型、教育型和文化型。

广电型。积极向广电或者宣传部门靠拢，在行业身份上追求与当地其他媒体的同等地位，业务纳入当地宣传部门的监管之下，积极参与地方新闻和信息的传播；自觉地接受当地广电部门的管理与资源调配；注重经济创收指标和市场竞争力的提升，在节目内容方面，除了少量具有教育电视媒体特色的栏目之外，与其他电视频道差异并不明显。

教育型。保持教育电视媒体相对的独立性，开办大量教育电视媒体特色的标志性栏目，如教学课程等，定期举办服务社会的公益活动，公众的评价常常是"这就是教育电视，其他媒体不会有这样的节目和活动"。与此同时，充分利用所掌控的教育政策资源和社会资源，开拓创收渠道，增强自我发展能力和传播能力。

文化型。按照自身对电视媒体的理解，播出教育、人文、科技等有助于提升公众素养的节目，既借助教育资源，又面向教育领域，开展社会公众包括教育领域群体能够广泛参与的社会性活动，并不按照收视率等硬性指标调整和引导媒体发展方向，更多地注重节目品质和对公众长远的影响，更加注重对社会的建设性和媒体社会责任。

根据如上的分析，可以清晰地看出，《广播电视管理条例》第四章第四十四条对教育电视台播出内容的规定，"教育电视台应当按照国家有关规定播放各类教育教学节目，不得播放与教学内容无关的电影、电视片"是基于教育电视媒体的远程教育功能进行的约束性规定。严格来说，上述"广电型"和"文化型"教育电视媒体均不符合这条规定。然而，政策总是落后于实践的，在我国市场经济、文化、教育事业发生巨大变化之后，对教育电视媒体的相关管理规定却仍然按照过往的逻辑进行规范，显然是不妥的。但是，条例中恰恰没有对广电所属各类电视频道提出如此详细的内容规定，在政策层面，显然对教育电视媒体多少有失公允与平等。

本研究认为，后两者均可以作为教育电视媒体的发展方向。教育电视媒体应当是文化教育台，而不是教学台，教学是学校教育的职责，教育是媒体的功能，而不是媒体的职责。文化是教育的内容，也是教育的基因。党的十七届六中全会决定中指出，"文化越来越成为民族凝聚力和创造力的重要源泉、越来越成为了综合国力竞争能力的重要因素、越来越成为经济社会发展的重要支撑，丰富精神文化生活越来越成为我国人民的热切愿望。"显然，公众的文化教育不可以靠学校教育来完成，教育电视媒体正可以担当起全民文化教育的任务。我们也欣喜地看到，2012 年 12 月 29 日，在原江苏教育电视台更名为江苏教育频道复播之际，原国家广电总局的通报中要求突出"教育性、公益性、服务性"，这可以理解为对全国教育电视媒体新的原则性要求，是对"条例"相关规定的新解释。

二、社会发展需求——公益性驱动力

随着我国经济社会的发展，公益成为社会越来越显性的公众议程。不仅社会公益机构增多，人们参与公益活动增多，其中媒体的参与也越来越频繁，同时，公益性还在一定程度上弥补了由于经济属性的扩张和政治属性的削弱而受到侵蚀的媒体公信力。本研究认为，公益传播时代既为现实的呈现，又是未来的媒体发展趋势。作为教育电视媒体三种属性之一的公益性，是由社会管理变革的要求和公共文化服务建设共同推动的。

1. 公益性——社会管理变革的要求

中国社会正处于转型期，社会组织结构在发生剧烈变化，企业改制、事业改革，公务员制度推进，政府职能转化等，打破了原已固化的社会结构。对媒体而言，政府公共服务职能的提出和制度安排，公益性自是题中之意。早有研究者指出，"综观世界各国政府改革发展与职能演变的历史过程，基本的规律是首先从以经济服务为主，逐步扩展到以社会性公共服务为主，最后社会性的公共服务便成为政府公共服务的主要内容。"① 社会机构的变迁折射出媒体公益性变化的轨迹。

若从公益的角度来分析广播电视媒体的走向，从新中国成立至今，可以归纳出这样一条轨迹：事业服务→政治服务→公共服务，公共服务的提出与实施实际上是媒体向着公益的回归。

新中国成立后至"文革"前，社会对事业单位的理解基本上等同于"公益"。事业即是全民的事业，"事业单位"就是满足公众需求而设立的。早在1955年，第一届全国人大二次会议《关于1954年国家决算和1955年国家预算的报告》中首次使用了"事业单位"这一概念。② 然而，在"文革"这一特殊历史时期中，广播电视媒体却演变为阶级斗争的工具，当然，这是一段极为不正常的社会发展时期。

1980年10月，中央广播事业局召开第十次全国广播工作会议，会议通过对历史经验的总结，统一了对广播电视性质的认识。会议否定了"广播是阶级斗争的工具"、"广播是无产阶级专政的工具"等观点。会议还认为，"我们的广播电视是受党领导的、具有无产阶级性的新闻舆论工具，是对人民群众进行宣传教育的工具"，"无条件地为党和人民的利益服务，是我们广播电视宣传的

① 胡正荣、李继东/主编，《中国广播电视公共服务体系：目标与实践研究》，中国广播电视出版社，2010年版，第111页。

② 朱剑飞、秦空万里/文，"事业单位改革路线图对中国广电业的昭示"，《现代传播》，2011（10）。

唯一宗旨"。① 这表明，作为媒体高层管理者，对媒体的认知已经有了巨大的转变，原有的观念开始松动，对媒体的政治性也有了新的定位和解读。

1998 年，国务院颁布《事业单位登记管理暂行条例》，明确规定事业单位是指国家为了社会公益目的，由国家机关举办或者其他组织利用国有资产举办的，从事教育、科技、文化、卫生等活动的社会服务组织。② 《中华人民共和国国民经济和社会发展第十个五年计划纲要（2001—2005）》中有这样的表述："政府配置资源的重点要逐步转向为全社会提供充足优质的公共产品和服务……完善公共基础设施，发展公共事业……" 这是政府正式文件中较早对公共服务事业的表述。

2011 年 1 月，国家广电总局新闻发言人吴保安提出"三不"论，对于媒体"不允许搞跨地区整合，不允许搞整体上市，不允许搞频道频率公司化、企业化经营"，强调电台、电视台作为党的重要新闻媒体和宣传思想文化阵地，必须坚持事业体制，坚持喉舌和公益性质，坚持以宣传为中心，③再次强调了媒体的公益性。2011 年 3 月，中共中央和国务院颁布了《关于分类推进事业单位改革的指导意见》，意见指出："按照社会功能将现有事业单位划分为承担行政职能、从事生产经营活动和从事公益服务三个类别。对承担行政职能的，逐步将其行政职能划归行政机构或转为行政机构；对从事生产经营活动的，逐步将其转为企业；对从事公益服务的，继续将其保留在事业单位序列、强化其公益属性。"④ 至此，媒体分类管理开始由思路变为实际的行动。意见又提出，到 2020 年，建立起功能明确、治理完善、运行高效、监管有力的管理体制和运行机制，形成基本服务优先、供给水平适度、布局结构合理、服务公平公正的中国特色公益服务体系。意见还指出，根据职责任务、服务对象和资源配置方式等情况，将从事公益服务的事业单位细分为两类：承担义务教

① 转引自胡正荣、李继东/主编，《中国广播电视公共服务体系：目标与实践研究》，中国广播电视出版社，2010 年版，第 23 页。

②③ 朱剑飞、秦空万里/文，"事业单位改革路线图对中国广电业的昭示"，《现代传播》，2011（10）。

④ 参见《中共中央国务院关于分类推进事业单位改革的指导意见》，2011 年 3 月 23 日。

育、基础性科研、公共文化、公共卫生及基层的基本医疗服务等基本公益服务，不能或不宜由市场配置资源的，划入公益一类。显然，根据意见要求，教育电视媒体应当归入为社会提供公共文化服务的事业机构当中，具有完全的公益性质。

上述分析显示，媒体的"公益"属性是其在发展过程中的"螺旋式上升"，是在经历了政治式的公共利益表达和追逐经济利益的反思后，所进行的发展道路的纠偏和本质的适度"回归"。

2. 公益性——公共文化服务建设题中之意

在计划经济时代，公益是通过政府包办的方式进行，常常被认为是政府发展社会福利事业的一部分。在进入市场经济时代后，社会公益行动越来越普遍，主体也多元化。现代的公益，是人人参与的公益，不管是个人还是集体，人们通过各种公益活动、公益基金、公益网站等途径，通过直接参与、捐赠、公益广告、公益歌曲等方式参与到公益中来。

在我国社会整体迈入小康后，公众正处于精神产品的饥渴期，丰富的物质产品代替不了日益增长的精神文化需求，无论是公益性的还是消费性的文化服务均存在很大缺口。从 20 世纪 90 年代初开始，"中国媒体逐渐向市场化、产业化转型，现代传媒成为一个开放的商品市场，传媒产品也成为供人消费的商品，从这个意义上说，媒介产品及其传载的各种观念思想，通过开放的市场得到广泛消费。而与此同时，公共利益和公共诉求未受到足够重视"[1]。中央适时地提出建设公共文化服务体系，正是从此角度出发，从满足最基本的公共需求开始，再逐步满足个性化和更高层次的需求。理所当然，公益性媒体应当成为基本公共文化建设的重要平台之一。

2004 年，国家广电总局局长徐光春提出要建立公共服务体系、市场运行体系和政府监管三个体系[2]。2005 年，党的十六届五中全会提出要"逐步形成覆

---

① 黄卫星、李彬／文，"文化自觉与当前我国舆论引导"，《现代传播》，2011（11）。
② 徐光春／著，《中国广播影视的改革与创新》，作家出版社，2006 年版，第 232 页。

盖全社会的比较完备的公共文化服务体系"。2006 年 1 月，国家广电总局局长王太华在全国广播影视局长会议讲话中指出，"广播影视又有公益性事业、经营性产业之分"。2006 年，党的十六届六中全会在《中共中央关于构建社会主义和谐社会若干重大问题的决定》中明确要求"加快覆盖全社会的公共文化服务体系"。2007 年 6 月，中共中央办公厅、国务院办公厅下发了《关于加强公共文化服务体系建设的若干意见》。2007 年 10 月，党的十七大召开，并把建设"覆盖全社会的公共文化服务体系"作为实现全面建设小康社会的重要目标之一，标志着公共文化体系建设成为党和国家发展大局的工作，成为国家的重要发展战略。2008 年北京"两会"期间，温家宝总理在政府工作报告中提出"加大政府投入力度，加快构建覆盖全社会的公共文化服务体系"，至此，国家层面对公共文化事业的概念和论述愈加清晰。

文化体制改革促发的公共服务体系包含着公益性服务，胡正荣等研究者提出，"公共广播电视是面向全社会，为全体公民服务的，因此它必须要提供尽可能多元化、多样化的节目内容，不仅要满足主流阶层的需求，也要满足其他阶层特别是少数群体、弱势群体等社会成员的信息需求和表达要求。"[1] 显然，广播电视媒体服务是公共文化服务体系中的重要组成部分，为全社会提供丰富多样的内容和服务自然为题中之意。

有学者明确指出，公共文化服务体系具有四个基本特征：一是均等性，二是基本性，三是公益性，四是便利性。对公益的理解就是"公共文化服务应不以营利为目的，免费或者低收费"。[2] 2011 年 3 月至 2012 年 3 月的一年中，重庆卫视以播出红色文化为主的内容，并打出"主流媒体，公益频道"的宣传语，晚间停止了播出商业广告。这种大胆的尝试尽管持续了只有一年的时间，有人认为其做法是向计划经济的退步，是开媒体发展的倒车，但是，重庆卫视的做法却不失为一种公益探索，有着实践的积极意义。2011 年的北京"两会"期间，也有政协委员和人大代表递交提案和建议，要求开设公益电视频道。这

---

① 胡正荣、李继东/主编，《中国广播电视公共服务体系：目标与实践研究》，中国广播电视出版社，2010 年版，第 124 页。

② 参见高福安、刘亮/文，"国家公共文化体系建设现状与对策研究"，《现代传播》，2011（6）。

意味着，媒体的公益性引起了更广泛决策群体的关注，其对于公众的重要性越来越受到重视。

媒体公益性行为将带动更加广泛的公益事业的开展，从而为传统文化、民族文化、先进文化提供生长的平台、土壤与空间，共同构筑起公共文化重要组成部分的社会主义文化核心体系，提高民族文化安全性，有效阻挡西方文化势力对我国乃至全球文化的侵蚀，为中华文化复兴，为实现"中国梦"，为世界文化多样性作出应有的贡献。

第二节　教育电视媒体公益性剖析

本研究分析媒体公益性，并提出公益性时代的到来，这与深刻认识教育电视媒体公益性内涵密切相关。近年来，中国传媒业界和有关新闻与传播研究的学术界，热点论题基本围绕产业化、市场化进行，正如赵月枝所认为的，基本上是在"把媒体商业化运作当做'媒介发展规律'来认识和捍卫是很有当下'中国特色'新闻传播学术话语"[①]。换言之，主流群体纷纷在为如何开发媒体的商业价值而寻找依据、策略和方式，尤其是在国家提倡和推动文化产业大发展和大繁荣的背景下，更成为一种显性话语。那么，此时提出教育电视媒体公益性，此概念的内在规定性是什么呢？又该如何理解呢？

一、公益事业制度化是社会发展的必然结果

研究和讨论教育电视媒体公益性离不开行业所处的社会环境，尤其是在社会主义市场经济背景下，更加必须考虑其现实的可能性和理论意义。这是因为，"媒体的生存与发展首先也不是由市场决定的，而是由市场规则决定的，即国家

---

① 赵月枝/文，"构建社会主义的公共性和文化自主性？——重庆卫视改革引发的思考"，《新闻大学》，2011 秋季号。

的政治制度环境和有关政策"①。通俗地讲，政府和社会公众如何看待公益本质，如何安排媒体社会地位，对其公益发展具有决定性影响。

1. 公益是社会事业的有机组成部分

按照彭柏林等人的研究，社会公益事业发展经历了萌芽阶段、慈善阶段和组织化、制度化阶段②，并且"公益的内容和方式是随着社会生产力的发展和人们对自然规律、社会发展规律认识的深化而产生并逐步发展、变化的"③。同时，历史也表明了，"公益的发展和演变与社会的变迁有着内在的一致，与当时的政治、经济和社会的发展水平相适应"④。换言之，公益就是社会事业的一部分，既伴随着社会发展的过程，又是社会发展的结果。为此，研究教育电视媒体公益性，就必须选择从历史的角度，从社会变迁的过程加以分析，从媒体发展变化加以认知，以发现其演变的内在规律性。另外，公益性探讨还在于，"传播工业生产特殊的商品，譬如说提供现今世界的观点与美好生活的形象，占据关键地位来形塑社会意识，同时也正因为它在经济与文化权力之间扮演如此特殊的关系使得它的控制效果成为学术及政治持续关注的焦点议题"⑤。尤其是作为媒体人，自然需要清晰地知道，提供的产品和服务对社会产生了怎样的影响？对社会进步、人类进步又有怎样的贡献？因为，媒体本身具有多种功能，如何让所掌控的媒体发挥功能？发挥哪些功能？显而易见地是，"仅仅发挥其一两种功能是远远不够的，对社会和新闻传媒的发展都很不利"⑥。本研究认为，公益应当是媒体的共有属性所外化的功能，而这种功能在不同的社会历史发展时期，不同的媒体之间，所体现的比重，所产生的社会效果是有区别的。这是因为，"新闻媒体不可能超越政治、经济和科技的发展阶段，但又可以对整个社会的发展，包括政治和经济都产生很大的作用，在推进社会的同时也在帮助自己向前

①　梅明丽/著，《传媒制度分析和战略重构》，上海世纪出版集团，2011 年版，第 56 页。
②　彭柏林等/著，《当代中国公益伦理》，人民出版社，2010 年版，第 7 - 8 页。
③④　彭柏林等/著，《当代中国公益伦理》，人民出版社，2010 年版，第 6 页。
⑤　梅明丽/著，《传媒制度分析和战略重构》，上海世纪出版集团，2011 年版，第 63 页。
⑥　谢金文/著，《中国新闻史纲要》，绪论，化学工业出版社，2011 年版，第 8 页。

发展"①。我们在考察媒体公益性时，也首要分析社会发展不同历史时期的主要矛盾方面。

有研究者指出，"从根本上看，无处不在、无时不有地制约着中国广播电视媒介发展的关键点，仍旧是'制度'，一个国家的传媒是否有竞争力和活力，很大程度取决于国家所制定的媒介制度，而政府与媒介的关系即是其核心问题"②，这在西方也不例外。其实，媒体作为一项社会事业，是满足人们精神文化生活需要的，尤其是满足本国或区域公众需求为目标的，因为，媒体行业与完全商业化运营的其他一些社会事业不同，可以走向国际化，向国际市场提供通用性强的产品和服务，而不必太过注重本土需求。这样，媒体行为必须遵从国家社会事业发展的一般规律。为此，剖析教育电视媒体公益性就成为一项社会公益事业制度的探索。

参照《中国新闻史纲要》③的划分方法，中国共产党成立后，中国新闻传播可大致分为革命媒体时代——即新中国成立以前；政治媒体时代——即新中国成立以后的第一个30年；经济媒体时代——即新中国成立以后的第二个30年；文化媒体时代——即从大约20世纪90年代开始，新兴媒体不断出现，政治、经济、科技、文化等既对媒体产生多种影响，同时，媒体也更加深入地影响社会各个层面，满足公众日益增长的文化需求，并由此逐渐形成以媒体传播为重要表现形式的文化传播新时代。时代背景不仅是本研究必须考察的对象，同时，更成为公益事业的社会发展资源和制度资源。

2. 媒体分类管理的第三种可能性

正如学者张艳秋所指出的，"广播电视一向是政治整合的工具和结果"④。制度安排对媒体发展自然非常重要。在理论界，众多学者们总是习惯性地把中

① 谢金文/著，《中国新闻史纲要》，绪论，化学工业出版社，2011年版，第8页。
② 胡正荣、李继东/主编，《中国广播电视公共服务体系：目标与实践研究》，中国广播电视出版社，2010年版，第42页。
③ 谢金文/著，《中国新闻史纲要》，绪论，化学工业出版社，2011年版，第2页。
④ 张艳秋/文，"BBC公共服务模式：挑战、传承与创新"，《电视研究》，2011（10）。

国的媒体简单地分为两类，时政类和非时政类，并提出分类管理的设想，期望在政治框架内对媒体的管制能有所突破。事实上，中国的媒体并不都具有强烈的政治属性和意识形态塑造功能，尤其是在媒体经济属性越来越凸显的过程中，更多的媒体具有的是娱乐、信息和文化传播、教育等功能。在同一家媒体集团内，政治属性明显的频道也只是占少数。学者李良荣曾提出，"属于党的喉舌的新闻媒体具有更多的上层建筑属性即更多的事业性质，而不属于党的喉舌的新闻媒体具有更多的信息产业属性即企业性质。"也有学者明确指出，"传媒本身具有多重属性和功能，国家必须根据不同的媒体性质，实行分类管理。在分类的基础上，通过市场之手，按照市场规律来壮大传媒产业，需要市场化的就完全可以引入外资、上市、甚至走兼并重组道路，实现规模壮大。"① 看来，两分法的观点市场基本上占据着支配地位。

试想，对媒体的管理思路，为什么学者们的建议会出现非此即彼，无视或者有意忽略了第三种可能性呢？

按照《广播电视管理条例》的规定，教育电视媒体隶属于各级教育主管部门，并没有"媒体商业化中，共产党宣传管理部门与许多新闻工作者之间的'你完成我的宣传任务，我让你通过媒体商业化牟利，改进自己的社会和经济地位'的管理逻辑"②。事实上，教育电视媒体本身既不属于前者，也不属于后者。在现有体制框架内，广电系统对教育电视媒体管理也只是行业监管，党的宣传部门更没有将其作为主要的新闻媒体利用和管理。无论是对教育电视媒体高层管理的任命与考核，还是其财务监督与管理，均不在广电系统和宣传部门管辖范围内，而是由教育主管部门决定其重要和主要事项。可是，教育主管部门的管理也带来了另外的问题，教育电视媒体的运作完全异于学校教育事业，譬如，高等教育、中等教育、基础教育等。教育电视媒体运行规律也必然不是教育事业发展规律，反而与西方的公共媒体运行规律有许多类似之处。若套用学校教育的理论和体系规范教育电视媒体，显然是不可取的。

①　转引自梅明丽/著，《传媒制度分析和战略重构》，上海世纪出版集团，2011年版，第252页。

②　赵月枝/文，"构建社会主义的公共性和文化自主性？——重庆卫视改革引发的思考"，《新闻大学》，2011秋季号。

在广播电视媒体管理方面，有学者认为，"在坚持广播电视是党、政府和人民的喉舌的前提下，将广播电视不同性质、不同功能部分明确区分，实施不同的改革和管理，是近年来广播影视改革的一个重要经验。"① 这是与我国的政治体制相适应的必然选择。当然，也有学者指出，"广播电视媒体等应为公益性事业，由政府来主导，坚持媒体的事业性质，不断转换机制，提高节目和服务质量，使每一个公民不受身份、地域和经济状况限制、享受到广播电视的基本服务，真正满足广大人民群众的公共需求和普遍需求。"② 这与西方公共广播电视管理思路基本一致，但是，假若广播电视整体上作为公益性事业，而且由政府主导，势必回到计划经济的时代，扼杀其市场活力，难以满足公众多元需求。

若从更广大的范围来看，文化传播权利是全球公民追求的一种平等和公平权利，也是文化多样化的基础，如果没有基本的传播权利，只有以资本为基础的商业传播，就不可能有多样化的文化，中国也不例外。为此，要保证权利的落实，就要有相应的文化传播制度作为保障。赵月枝认为，"多样化的文化传播需要多元的文化传播生产、流通和消费的组织逻辑。正因为不同组织逻辑有不同的结构性倾向，可持续发展的文化传播公共政策需要为不同的组织逻辑提供可能性，并创造其得以运作的条件。"③ 当下的教育电视媒体，在体制上既不归属于广电系统管理，也不归属于宣传部门管理，恰恰是实现多元化的必要机构管理条件之一。

3. 分类管理的可能性与必要性

在我国，由于媒体的主管机构不同，媒体功能定位不同，媒体自身呈现出各占优势的政治、经济、娱乐特色等状态。譬如，"党报的意识形态属性就强于经济属性，但是娱乐类报纸杂志等非核心领域传媒产品都更多地强调其经济属性而淡化意识形态。我们没有理由把不同种类的服务放在一个体制之下，这样可能带来的是传媒产业所有层次运行的结构僵化和市场变形。"④ 作为教育电视

---

① ② 黎刚/文，"从实践看中国广播影视改革的若干基本原则"，《现代传播》，2012（5）。
③ 赵月枝/著，《传播与社会：政治经济与文化分析》，中国传媒大学出版社，2011 年版，第 276 页。
④ 梅明丽/著，《传媒制度分析和战略重构》，上海世纪出版集团，2011 年版，第 68 页。

媒体，要成为真正意义上的公益媒体，提供公共服务，也应当是制度安排的结果。当然，这与自身的努力和作为也不无关联，也就是所谓的"有作为，才有地位"，教育电视媒体人尚须在此道路上着力探索。

学者李良荣提出，我国的媒体应该按照主要功能进行如下分类管理，"第一类是政治性媒体，政治性媒体有党报、党刊，还包括新闻频道，因为它以发布新闻为主，它直接是我们党的耳目喉舌，这就是政治的东西；第二类是政企合一，也就是具有商业属性的媒体，我把它称作是经营性的事业单位，它是事业型的单位，但同时又是搞经营的，包括都市报、晚报、财经频道都是属于这一块，也就是事业性质，企业化运作；第三类是纯粹企业性的媒介，它是信息产业，应该按企业的标准来要求"①。如若按照此种分类方式，教育电视媒体应当归于第二类，属性为事业，运营按企业模式进行。事实上，这种方式已经带来了很大的弊端，由于经费来自于市场，媒体受市场力量影响比较大，本研究进行的问卷调查分析也证实了如上的判断。再如，有关规定严格禁止的广告，常常出现在影响力大的卫视和报纸中，多年来难以杜绝，也很少受到处罚。很显然，提出这种分类方式与当下的管理模式并没有根本性地改变。

业内研究者李向阳也提出了主张，中国的广电媒体可以按照国家政治媒体、社会公共媒体、市场经济媒体三类分开，分别对应当下的政治、事业和企业媒体性质，实行不同的管理模式。在李向阳看来，"三类媒体都是党和政府的喉舌，只是在侧重点与表达方式上有所区别而已"②。按照李向阳的设想，"社会公共媒体在产权性质上归社会公众所有，坚持社会本位，更侧重于面向基层干群或社区公众，提供普遍的基本公共服务，以提供高品质、多样化、普适性强的传播服务取胜"③。在资源补偿方式方面，社会公共媒体"接受政府资助与社会捐赠……可以开展经营活动，产生效益，既不为投资者所有，也不得用于提高员工福利，主要用于滚动发展"④。看起来，以上的两种设想共同之处都是要分类管理媒体，而不是在一个统一的媒体管理体制内运行。

---

① 转引自梅明丽/著，《传媒制度分析和战略重构》，上海世纪出版集团，2011 年版，第 252 页。
②－④ 李向阳/文，"论通向分类运营的政策创新"，《现代传播》，2011（3）。

我国《宪法》第二章第四十六条规定，"中华人民共和国公民有受教育的权利和义务，受教育是人人享有的政治权利，是所有中国公民享有的基本公共权利"，因此，教育显然是最广泛的公益事业之一，作为教育的有机组成部分，教育电视媒体当然属于公益事业，公益属性为本质的，自然基因所带来的，不因其具有大众传播的特性和市场赢利能力而有所改变。教育电视媒体如同社会举办的大学或研究机构一样，是为公众提供普遍意义上的公益服务，完全属于社会公共媒体。其实，早就有学者建议在中央和省、直辖市这两级内，直接拨款组建少量非营利性的突出公益和宣传主要功能的公办公营的电台、电视台。"① 事实上，许多教育电视媒体也在自觉地按照相关政策调整自身的传播行为和市场行为，在承担社会责任和发挥公益性方面表现更加突出。

分类管理的做法，可为教育电视媒体服务于公益事业提供巨大的政策空间和市场空间。可是，我们也能看出，这种属于"顶层设计"的制度改革也有一个出台时机的问题。毕竟，政策的出台不仅是党和政府下决心，更重要的是受到意识形态、行业既得利益、制度惯性等一系列制约因素共同的约束。随着我国市场经济的发育成熟，政治民主进程必然会进行相应的变革，毕竟，当下的媒体生产关系已经在很大程度上阻碍了媒体生产力的发展。

4. 公益媒体是社会的现实需求

传统的公益行动渠道和内容较为单一，普通公众除了到慈善机构捐献或者通过单位组织外，其他都是比较分散的方式，既不系统，也存在诚信风险。但是，在新媒体出现以后，尤其是以微博公益活动为标志，极大地释放出社会需求和公众的公益愿望，微博让每一个公民都可能成为公益主体。以新浪微博为例，截至 2012 年 8 月 10 日，在新浪微博发起的"微公益"共有 249561 个微博账户参与，公益项目合计 541 起，正在进行 173 起，已结束 352 起……新浪董事长兼 CEO 曹国伟曾公开表示，微博是一个分享的平台，沟通的平台，也应该

---

① 朱剑飞、秦空万里/文，"事业单位改革路线图对中国广电业的昭示"，《现代传播》，2011（10）。

是一个非常好的公益平台①。然而，这样的公益平台存在资格、信用等诸多法律、道德等风险。中国社科院社会学研究所社会发展室李炜主任说，"政府应更有所作为，只有不断健全公益组织的职能，给予其法律支持，才能让微博慈善的正能量去覆盖社会的每一个角落。"②显然，蓬勃发展的公益，需要政府进行规范化管理，而通过立法使得教育电视媒体固有的事业属性向公益转化或者承担公益职能也是没有多少体制障碍的。

5. 公益是社会财富的分配方式之一

众所周知，社会财富包括物质财富和精神财富。每个公民既创造财富，同时，也期望通过社会分配制度获得个体所需的社会财富。

我国经济学家厉以宁认为，社会财富通过三次分配到达每个社会成员：一次分配是指通过市场进行，二次分配是指通过政府调节（如税收）进行，"公益的实行被称为第三次分配，对于实现社会公平和政治正义无疑是有效的补充，因此受到政治力量的极大支持和推动"③。在社会发展的不同时期，人们对财富的追求、占有和依赖程度是有差异的。显然，仅仅依靠二次分配难以实现社会财富的公平和公正分配，这说明，媒体公益性以及公益事业并不是可有可无，可大可小，而应当成为社会事业和社会治理的有机组成部分，成为推动社会和谐发展的重要条件之一。有学者总结认为，"历史经验证明，无论在什么样的社会制度下，无论社会的经济发展水平如何，无论是什么样的人当权，社会公益都是被提倡和受到政府奖励的。"④因此，在我国社会整体进入小康以后，公益事业更应该得到加强和提升。

按照中国特色社会主义发展模式理论，我国实行的是"国家主导型市场经济"，其模式就是"两个主体和一个主导"的"三主制度"，亦即"现阶段社会主义经济（制度）＝公有主体型产权结构（制度）＋劳动主体型分配结构（制度）＋国家主导型市场结构（制度）"⑤。这种中国特色社会主义制度被认为

---

①② 李松/文，"微博背着的现实焦虑"，《瞭望》，2012（37）。

③④ 彭柏林等/著，《当代中国公益伦理》，人民出版社，2010年版，第2页。

⑤　梅明丽/著，《传媒制度分析和战略重构》，上海世纪出版集团，2011年版，第37页。

"是当代解决公有与私有、公平与效率、计划与市场三大世界性基本经济矛盾的最佳模式，操作得法，可以优于西方经济及其制度"①。因此，本研究的主体是基于这样的社会与经济发展背景，来分析媒体公益性所处的逻辑起点，存在的管理制度合理性，从而更加客观地判断媒体公益性之走势。

教育电视媒体公益性本质及其所外显的社会功能，应当并且可以担负起精神财富分配的政府职能和社会需求。

二、教育电视媒体公益性传播价值

在市场经济环境中，文化建设和文化复兴背景下，如何理解媒体公益性？教育电视媒体公益性目标又该如何确立呢？本研究认为，教育电视媒体必须要确立自身的传播价值追求、才能在此基础上明确服务对象、明晰传播内容、决定传播行动，因为其自身价值追求并不是完全由政策所能规定和涵盖的，是教育电视媒体之于社会进步、人类发展所应当做出的基本判断与选择。学者赵月枝认为，公益应包括如下原则："独立——在政治上不为政府或其他利益集团所左右；平等——观众不分等级享受同样的服务；全面——满足不同层次、不同口味的观众的需求；多元——反映不同的观点，照顾少数人的兴趣；不迎合——不追求最大的观众数，不一味迎合观众，而是通过节目来培育民主精神，提高公众的文化品位。"② 这些原则无疑为媒体公益性探索提供了思路。同时，赵月枝还提出了追问，"在媒体和与其紧密相关的意识形态与文化领域，有没有超越社会制度的'发展规律'"？如何理解媒体的"公共性"和"公益性"以及政府推动的媒体公共性建设？③ 这意味着，随着民主社会的到来，媒体与政治之间会越来越理性地保持一定的距离，也才能更好地形成彼此之间的互动，更好地让媒体发挥社会建设的作用。在这种分析基础上，这里提出公益传播价

---

① 梅明丽/著，《传媒制度分析和战略重构》，上海世纪出版集团，2011 年版，第 37 页。
② 赵月枝/文，"公众利益、民主与欧美广播电视的市场化"，《新闻与传播研究》，1998（2）。
③ 赵月枝/文，"构建社会主义的公共性和文化自主性？——重庆卫视改革引发的思考"，《新闻大学》，2011 秋季号。

值三原则，并认为，公益性事业根本上是为了满足人民群众日益增长的多样化、个性化精神文化需求，并呈现出"公平"、"价值"和"效率"三个方面的具体传播价值要求。

1. 公平是公益性的基础

我国《广播电视管理条例》第三条明确规定，"广播电视事业应当坚持为人民服务、为社会主义服务的方向，坚持正确的舆论导向。"这意味着，人民，无论是处于社会的什么阶层，无论是经济能力如何，都应该享受到平等的教育电视媒体公共产品和服务，而不是有差异的、带偏见的产品和服务。这一点与商业电视有着很大的不同，商业电视追求利润，完全可以为其最大价值的目标人群提供产品和服务。某些地方有线电视网络公司用垄断手段对教育电视频道入网进行限制，这就剥夺了人民接受宪法所赋予的公共产品和服务的权利，其做法当然是不妥当的，应当通过立法来保证相关权利的落实。

随着改革开放的深入，党的工作重心的转移，市场经济的蓬勃发展，广电媒体的经济效益（经济属性）越来越被置于更加重要的位置，其社会效益（公益属性）亦有所弱化。广电媒体如同各级政府追求 GDP 增长一样，更加重视起广告市场的通用货币——收视率指标。事实上，追求商业价值的媒体不可能做到公平，这是其经济属性决定的。教育电视媒体追求公平，体现公众的公益需求，其他社会资源应当向其倾斜，提供合理合法的支持。

2. 价值是公益性的目标

教育电视媒体的产品和服务应当着眼于传播长远价值，而不是追求一时的轰动、热点、收视火爆。要围绕社会主义核心价值观进行产品和服务开发，必须用社会主义核心价值体系统领传播行动。本研究认为，核心价值体系本身也不应是为中国所独有，更应该为全世界所理解和分享，为人类共同的精神财富。传播的价值理念包含三个层面：

人类普适性的价值观。无论是在《旧约》、《可兰经》中，在佛教、儒家还是在道家的经典作品中，都推崇以下六种美德：睿智（Wisdom & Knowledge）、英勇（Courage）、仁慈（Humanity）、公正（Justice）、自制（Temperance）、超脱（Transcendence）。这些是人类价值观的基本构成元素，也应当作为媒体解读、建构、传播、发展社会主义核心价值体系的底色调，或者是底线，若没有这些作为底线，社会主义核心价值体系将可能变得概念化和教条化。譬如，中共上海市委提出上海市的八字价值观"公正、包容、责任、诚信"，就是倡导这种普适价值观的具体表现。

子曰，"己所不欲，勿施于人。"如果一味坚持己见，而不是把普适性价值观与我国社会主义核心价值体系有机结合，那么强塞进传播价值体系中的东西将难以为公众理解和认同，或许被国外冠以民族主义的情绪宣泄、说教，传播效果也就大打折扣甚至成为负面传播的源头。

社会主义核心价值体系。人类社会必须有道德才能生存和延续，没有了道德，社会就失缺了发展本身的意义。政府要建立和完善制度结构以促发和形成社会主义核心价值体系的环境，并在政治、经济和社会发展之间建立起平衡，在这种平衡的构建中，媒体作用至关重要，追求道德价值的媒体对社会发展是有益的，反之，追求经济利益至上的媒体所传播的理念、推崇的价值观必将对社会平衡与和谐产生强烈的侵蚀和破坏作用。

社会主义核心价值体系的基本内容包括四个方面，即马克思主义思想、中国特色社会主义共同理想、以爱国主义为核心的民族精神和以改革创新为核心的时代精神、社会主义荣辱观。教育电视媒体必须把这些与普适性价值有机地融进传播内容和过程中，鲜明地呈现媒体价值观和道德观导向。

多元价值观的碰撞与包容。多元是人们自由表达观点的外在表现形式。媒体作为人民的喉舌，理所当然地要反映多元价值观。与此同时，作为国家意志的体现，其思想和价值主导传播必不可少，更是传播力量的支撑与源泉。党的十六届六中全会首次明确提出社会主义核心价值体系的科学命题，正是认识到了其在社会发展中的重要性。原国家广电总局曾下发《关于进一步加强电视上星综合频道节目管理的意见》，提出从 2011 年 1 月 1 日起，34 个电视上星综合频道要提高新闻类节目播出量，要以新闻宣传为主，并开办思想道德建设栏目，同时对部分类型节目播出实施调控，以防止过度娱乐化和低俗倾向，满足和引导广大观众多样化、多层次和高品位的收视需求。

子曰："人能弘道，非道弘人。"社会主义核心价值体系不是空洞的说教，更不是本本式的教条，而是渗透于人们言谈举止、日常行为的规范，成为日用而不知的习惯，社会习惯的形成对媒体的导向有着强烈的依赖，受其引导。上述举措正是中央高层意识到社会多元价值观在媒体上的反映，并加以政策性规范和引导，否则，公众将失去主导价值观，导致社会认同度降低，威胁到社会总体稳定健康发展。

然而，要注意的是，多元价值观与主流引导并不是对立的，而是互相包容的，非此即彼不符合社会发展规律。作为教育电视媒体，传播内容的规定性，要求其在引导正确的舆论导向方面，就不仅仅是政治导向，还要更加注重道德导向、伦理导向、文化导向、价值观导向等，更加具有日常人生导师意义上的指导与帮助，引导公众成为主动的"乐学"、"乐知"、"乐用"、"乐行"的媒体使用者。

3. 效率是公益性的外在表现

教育电视媒体的运营基于公共资源，其资源利用效率当然是其自身和社会的共同要求。保证资源的利用效率是一个非常复杂的问题，高效率的前提是资源使用过程要有制度依据，资源使用结果要有评估和监督。譬如，要有宏观的"教育电视媒体管理条例"保证公益性质，其中，详细规定节目比例以及如何进行评估管理等相关要求、中观的财务预算管理办法以接受社会和上级审核、微观的时段、制片、活动等资源管理使用办法等。这在后续的媒体平台建构论述中会有进一步讨论。

第三节　教育电视媒体公益性理论视角

本研究提出教育电视媒体公益性，并认为教育电视媒体播出公益内容、开展公益活动为公益传播的具体表现，换言之，以实现社会公益为目的的传播行为就是公益传播。那么，从理论角度来看，教育电视媒体公益传播过程是怎样的？与新闻传播理论又有着怎样的关系？

一、公益传播——议程路径分析

尽管作为当下主流媒体的电视仍然为公益传播的重要渠道，且常常为公益发起者或者公益信源，但是，由于新媒体的出现，社会个体的公益传播正在向处于支配地位的媒体公益传播提出新的挑战。由于人人皆能成为"媒体"，传统的媒体议程设置理论正在经历颠覆。在这种新的传播模式下，公益传播议程转换往往经过大致三个发展阶段，见图4-1。

图4-1　传播议程转换图

公众议程——公益事件源头来自于社会个体或者媒体的发现。

媒体议程——成为单个媒体议程，其他媒体跟进，发酵成为媒体议程。

政府议程——媒体或公众向政府相关部门提议，或者直接诉诸行政或法律程序，社会问题得到解决，并可能引发相关政策出台。

对媒体而言，把握好每个阶段的进程，是获得良好传播效果的基础。只不过，事件启动的前后顺序有所不同，有些先从公众议程开始，有些是从媒体议程开始，有些则是从政府议程开始，并分别向其他议程转化。譬如：2001年南京的"观景台事件"，就是一起典型的个别单位利益侵犯公众利益的案件。最终的结果是，在媒体设定的议程和公众舆论压力之下，有关单位的违规做法得以纠正。在这起事件中，首先是读者发现了观景台，并向《南京晨报》反映，以《南京晨报》为代表的媒体对"观景台事件"进行了十多天密集的报道，记者多方求证，引发市民大讨论，成为南京街谈巷议的话题，东南大学教师将南京市规划局告上法庭，继而引发其他媒体报道，更有全国专家反对建观景台，最终，在强大的社会压力下，观景台得以拆除。[①] 由此可见，媒体基于维护公众利益所设定的议程，经过公益传播过程，所能呈现出的强大的社会公益推动力量。

二、公益传播——新闻专业主义的具体体现

新闻专业主义（Professionalism）是资产阶级新闻学的重要概念，也是西方新闻工作者恪守的最主要的新闻职业规范。尽管新闻专业主义源于西方，但是，对我国的媒体实践仍然有着现实意义。这是因为，新闻专业主义有一些基本原则，也是我国媒体从业者应当遵守的。譬如，新闻专业主义认为媒体具有社会公器的职能，新闻工作必须服务于公众利益，与某些政治或经济利益集团保持距离。

学者展江认为，"新闻专业主义的核心是新闻报道的客观性（Objectivity），目标是服务全体公众，在具有商业和政治双重性质的机构中，强调自己是公共利益的保卫者，以此获得公众信任。"[②] 媒体作为"中立的把关人和客观的反映者"是其主要特征，[③]依此逻辑分析，强调媒体的公益传播就是新闻专业主义的具体体现。因为，公益传播的对象是全体公民而不是特定的利益团体或群体；公益传播的内容如环保、文化主题等，往往是涉及全体公众而不是少数人的议题；公益传播的参与者也不仅仅是媒体，更包括公众。

事实上，包括教育电视媒体在内的媒体在进行公益传播主题策划、选题把关、策略确定、效果评价等诸多环节中，进行层层创意和设计，均以强化公益传播宗旨为指向，也就是"电视等传统媒体的选择性传播，既包含对话题的选

---

① 参见王雄/著，《新闻舆论研究》，新华出版社，2002 年版，第 372 – 373 页。
②③ 谢金文/著，《中国新闻史纲要》，化学工业出版社，2011 年版，第 185 页。

择，体现公共话语特征，也包括话语的选择和平衡，提供经过印证的信息、体现各方的话语权、进行客观公正的评价，并且秉持社会责任的传统，引导舆论和事件进程向有利于社会的方向发展"①。显而易见，这也是新闻专业主义的具体体现。

三、公益传播——媒体的社会责任之一

媒体责任理论（Media Responsibility Theory）是资本主义的新闻传播理论，强调新闻自由须以责任为前提，新闻媒体在享有自由权利时，必须尽到对于社会、公众的义务和责任。至于包括哪些义务和责任，在世界范围内并没有统一的解释或答案，事实上，也不可能有。这是因为，媒体本身就是政治制度安排的结果，不同社会制度中的媒体，所承担的社会责任当然有所区别，在同一社会制度下，社会发展的不同时期，对媒体的社会责任理解和要求议题也有差异。尽管媒体社会责任理论来源于西方世界，但对我国社会主义制度下的媒体也不无启发，更值得借鉴和加以发展。本研究认为，在众多对媒体提出的社会责任中，公益传播是其中非常重要的组成部分。

我国已把建设和谐社会提升到全民运动的高度，在某种意义上，和谐社会也成为中国人幸福生活的代名词。显而易见的是，在和谐社会建设过程中，媒体不但要为社会提供精神产品，更重要的是媒体担当着更重要的社会责任。从媒体本质上来看，承担社会责任比提供产品服务更加重要。尤其是现阶段，建设文化大国、文化强国，实现中华民族伟大复兴更使得媒体成为重要的社会力量，这也是我国媒体规制演化过程中，总把社会效益摆在第一位的主要原因之一。和谐社会建设要求所有个人和组织在一切家庭和社会活动中承担一定的社会责任。譬如，对于企业而言，生产和提供优质的产品及服务是其最基本的功能，但这还远远不够。企业在生产产品和提供服务过程中，不能对个人造成身体伤害、不能对环境造成破坏，不能对社会造成负面影响，这是企业的基本社

---

① 杨凤娇/文，"网络舆论的价值发现"，《现代传播》，2011（9）。

会责任，对于属于上层建筑的媒体而言，还远远不止这些。一般而言，媒体的社会责任或者说主要社会功能包括如下几个方面：

宣传党的政策。 1980 年，邓小平同志在《目前的形势和任务》的报告中指出："党报党刊一定要无条件地宣传党的主张。"① 譬如，改革开放的各项方针政策并不能为公众一夜之间理解和执行。这就需要媒体进行解读、阐释，通过身边的事例、事实加以报道和呈现，广大干部群众才能更好地理解党的方针政策，思想上也才能达到统一，从而在行动上达到一致。宣传党的政策同时能够提升媒体的权威性和影响力，譬如，"走基层"号召的落实，就把党的政策以基层鲜活的人和事呈现，给观众强烈的认同感和亲切感，从而把党的政策具体化、平面化，易于公众理解和认同。

引导正确社会舆论。 媒体仅仅提供新闻信息的事实是完全不够的，如果仅仅提供新闻信息事实，不加以引导，而让观众自身做出判断也可能带来问题。尤其是在公众整体文化水平低下，媒介素养②水平不高的时期，对事实进行另类解读甚至误判的可能性比较大。

媒体机构本身是由人控制的，传播什么，不传播什么，怎么传播，何时传播，这些都是媒体机构的选择与组合，是受媒体机构价值观来支配的。事实上，世界上没有真正意义上的完全客观报道。媒体作为社会机构，本身的发展也需要营利以维持其自身的运转，当其自身利益与其传播内容等发生冲突时，媒体难免会有所取舍，显然，媒体必须做出有益于社会的选择，而不是有益于自身的选择。在这方面，江泽民同志的论述是极其精辟的，"舆论导向正确，是党和人民之福；舆论导向错误，是党和人民之祸"。2008 年 6 月 20 日，胡锦涛同志在视察人民日报社时强调"要把提高舆论引导能力放在突出位置"，导向错误对政治、经济、社会、文化的破坏力是极大的。

恰如有学者所认为的，"从纸质媒介到电子媒介再到网络媒介，公共社会对传媒业总有期待。这种期待一方面表达出公众对信息的渴求程度，一方面也是

---

① 《邓小平文选》第二卷，人民出版社，1994 年版，第 272 页。

② 媒介素养是指人们批判性地解读和欣赏多种媒介讯息与作品以及利用媒介获得自身和谐发展的能力。参见白传之、闫欢/著，《媒介教育论》，导言，中国传媒大学出版社，2008 年版，第 27 页。

对媒体在传递信息时同样传递人类普遍认同的基本价值观及人类文明中最优秀、最美好的精神积累的认同。"① 可以肯定的是，正确的引导能够给媒体带来公信力，从而为媒体的其他社会公益活动带来号召力和影响力。

维护社会稳定。党领导全国人民一心一意搞建设，必须要有安定团结的社会环境。社会稳定是进行经济建设的客观要求，同时，这也是经济建设的本意所在。试想，没有社会的稳定，经济建设如何进行？反之，只顾搞经济建设，造成社会矛盾激化，人民生活没有安全感，幸福指数下降，经济建设本身目的怎可体现？正如有学者指出的，"如何让作为公共论坛的大众传播媒体在一个利益化的转型时期，客观公正地反映各个阶层对某一政策的看法，并以公共利益作为最终的报道依据，而不是受制于特定的利益集团，就成为一个重要的议题。"② 我国社会转型期，各种社会矛盾突出也很正常，公众需要宣泄的渠道，需要自身利益的代言人和表达渠道，媒体担当起社会情绪的减压阀，担负起他们表达的功能，也正是维护社会稳定的有效方式。媒体倡导和组织公益活动，又可以让公众看到民心的向善、社会的美好，有效地促进社会阶层之间的理解与沟通，尤其是在疏解一部分公众内心出现的"仇富"、"仇官"心理方面起到重要作用。

各类媒体在赢得利润的同时，要担负社会责任。在社会转型过程中，建设和谐社会是全民共识。在商品社会，媒体的公益形象显得尤为重要，越是商业运作，越要树立担当社会责任的形象，以提高品牌公信力和市场竞争力。那种过于追求市场轰动效应和迎合观众的做法，也许能获得一时的高关注度，赢得广告主的青睐，但媒体品牌也因此会受损，最终还是会失去市场。如果媒体在运营中曲解了社会主义核心价值观、挑战了道德和伦理底线、宣扬了不合常理、常规的生活方式等，必然失去社会责任的担当，也会遭到公众的唾弃，同时，政府为了公共利益，也自然会加以干预。但是，"国家的干预首先是必须坚持一定的核心价值，如公众利益、社会利益、国家利益；其次，必须有效地引

① 张新潮/文，"媒体转型期之道德和责任的支撑"，《电视研究》，2011（10）。
② 汪凯/著，《转型中国：媒体、民意与公共政策》，复旦大学出版社，2005年版，第130页。

入市场竞争机制，打破现有的国内行政壁垒，在规范市场行为的同时推动产业发展"①。换言之，政府对媒体的规制，更不可因噎废食，顾此失彼，走回一抓就死，一放就乱的老路。解决干预问题重要的一点是要有法可依，有矩可循，尤其是在国家层面，更不可根据某些群体的偏好，盲目随意指责干预媒体，事无巨细约束其行为，让媒体无所适从，同时，这也是对公众作为媒体使用者的不尊重。

四、公益传播——公共文化空间建构需要

我国在大力进行政治改革、经济建设的同时，正在着力加强社会建设，致力于现代民主社会建设。民主的重要表现方式之一就是公众具有广泛的政治和文化表达权。媒体既然是公共利益的承载者、推动者和维护者，当然，也要为公众进行利益表达提供公共政治和文化空间。这是因为，一方面，"市场为传媒关注、呈现公众的利益诉求，建构公众的话语空间，服务公共利益等提供了动力"②，同时，也提供了条件，媒体从社会获得了相关资金、公信力等资源，当然要回馈社会，以形成良性循环，更加有助于社会和自身发展；另一方面，公众文化空间是民主社会的重要标志之一，专制社会不可能出现公共文化空间。尤其是新媒体技术的发展为公众打开了巨大的表达空间，反倒逼着传统电视媒体必须向公众开放平台，为形成观点市场、公共利益表达市场提供空间，否则，电视媒体将会失去公众的支持，从而失去传播空间，失去存在的价值和理由。

2012 年 11 月 29 日，中共中央政治局常委们在参观"复兴之路"展览时，习近平同志定义了"中国梦"——他认为实现中华民族伟大复兴就是近代以来最伟大梦想，而且满怀信心地表示这个梦想一定能实现。由此定义所引发的热潮持续至 2013 年"两会"，大大激发了全国人民对"中国梦"的向往，激发起公众对民族复兴梦想的热情，拉开了建立中国自信、树立中华文化自信的大幕，

---

① 梅明丽/著，《传媒制度分析和战略重构》，上海世纪出版集团，2011 年版，第 145 页。
② 罗以澄、姚劲松/文，"中国传媒在公共空间建构中的角色考察"，《新闻理论》，2012（4）。

只有文化实现了自信才是实现中国梦的必由之路。众所周知，民族自立于世界之林，靠的当然不仅是军事和经济硬实力，更重要的是文化软实力。2013 年上半年以来，社会各阶层的"中国梦"通过媒体得以表达与展示，充分体现了公共文化空间的建构价值。

文化是实现"中国梦"的基础。因为文化是维系民族生存发展的血脉和灵魂，是民族的精神载体，是推动经济社会持续发展的精神动力，是向世界输出文化资源的综合实力。民族复兴的本质是文化复兴，文化自信是民族复兴的基石，是一个国家、一个民族、一个政党对自身文化价值的充分肯定，对自身文化生命力的坚定信念。只有对自己文化有坚定的信心，才能获得坚持与坚守的从容，鼓起奋发进取的勇气，焕发创新的活力。

异域、他族优秀的文化多数是通过媒体空间进行传播的，在传播中彼此碰撞、交融和兼收并蓄，文化自信要求我们海纳百川，雍容从容，既不妄自尊大，也不妄自菲薄。因为，世界上不同的文化形态都是人类共同的财富，都有自己的长处和不足。五千年的中华文明史早就证明，能够从不同文化中汲取各种养分的文化才是具有生命力的世界公共文化，同时，自身也才能够得到更好地继承和发展。

第五章
教育电视媒体公益发展趋向

　　教育电视媒体成为公益媒体，实施公益传播不是仅仅止步于理论的推演，更重要的是要通过传播实践，实现媒体公益理想，体现社会传播价值。教育电视媒体的公益传播是由崇高的公益思想、明确的服务对象、相应的传播内容和广泛的公益行动构成的公益体系承载的，是通过政府主导、市场运作和社会综合评估来保障和实施的。

第一节　教育电视媒体公益性的实现途径

　　教育电视媒体公益性不是自我标榜的口号，更不是攫取社会声望的招牌。媒体公益性要通过具体的传播行为来实现，通过自身的社会活动来承载。有学者认为，"事业或产业只是一种经济和社会组织形式的运行载体，事业不等于完全公益性，产业也不等于单纯追求利润。"[①] 由社会制度所规定的事业或产业属性或功能并不能完全决定媒体行为，最终要通过媒体的公益传播来实现。

一、崇高的公益思想——决定行动的方向

　　思想是行动的前提。媒体机构只有具备了公益的性质，把公益服务作为安

[①]　周鸿铎/主编，《牡丹江新闻传媒集团发展报告》，社会科学文献出版社，2006年版，第105页。

身立命的宗旨贯穿于传播各个环节中，让公益思想成为媒体人自觉的行为，才能使媒体向着公益的目标迈进，并且，公益思想不应只是狭隘的民族意识，而应当是为世界所接受的共同价值观，正如陈晓夏所认为的，"尽量挖掘中西文化中共通的东西，突出我们自身的价值观念和理念，将其纳入国家形象构建的整体战略中，一以贯之，使我们的价值观念和发展模式在更大范围内获得认同。"① 公益思想应当包括：自由、平等、公平、公正等人类共同的价值理想，马克思主义思想（尤其是平等、公正、人类解放、人道主义、全面自由发展等精髓），伟大而高远的共产主义信仰，中华民族的传统美德与传统文化，毛泽东思想的遗产（实事求是、独立自主、群众路线等）与中国特色社会主义理论体系（邓小平理论、"三个代表"、科学发展观等），以及与时俱进的时代精神、爱国主义、民族精神等。② 只有这样，才能站在人类思想的高处，引领公益向着理想的方向发展。

1. 公益——社会资源的公平分配

媒体是一种社会资源，媒体平台不仅掌握在媒体人手中，也为媒体的各级管理机构所掌控。这些权利是社会公权力，是对公共资源进行公平分配的渠道，显然不是攫取行业利益的手段，更不是媒体人或者管理机构追名逐利的工具。媒体资源分配的主要方式有：

公平的知情权。作为制度安排，无论是政府还是媒体自身，"要将公众的知情权作为一种绝对价值加以接受，而不仅仅是作为一种满足社会稳定要求之余的施舍"③。现代信息社会，媒体之于每个人的重要性不言而喻，享有公平的知情权是民主文明社会的标志之一。

均衡的表达权。公众仅仅能够获得知情权是不够的。公益意味着公众在媒体上有均衡的表达权，这种表达权还包括公众各阶层在媒体中的被呈现方式和形象。作为把关人的媒体管理机构和媒体人应当把公众表达权视为其自然权利。

① 陈晓夏/文，"提升中国纪录片对外传播能力的思考"，《现代传播》，2011（3）。
② 黄卫星、李彬/文，"文化自觉与当前我国舆论引导"，《现代传播》，2011（11）。
③ 汪凯/著，《转型中国：媒体、民意与公共政策》，复旦大学出版社，2005年版，第31页。

譬如，2002 年元旦，江苏电视台城市频道推出新闻栏目《南京零距离》，开启了我国民生新闻的先河，被学界称为"公民新闻"的发端，为媒体尊重和体现公众表达权的先例。现代社会，如果没有公众的表达，也就没有媒体存在的空间，媒体必然沦为单向宣传的工具。

2. 公益——公众的文化权益

电视媒体作为文化的传承者，同时，也是文化的创造者。尤其是电视作为社会第一媒体，其文化传播力远非其他媒体所能比，是公众享有文化权益的重要公器。如果媒体为了商业利益而剥夺普通公众的知情权、表达权，那么，公众的文化权益就会受到侵占，文化的多样性和创造性必然也会受到损害。有研究者认为，"必须树立广播电视公共服务是公民文化权利的基本价值观，树立广播电视发展的第一要务就是提供公共服务这一基本理念。"[①] 公众所享有的服务不能受其所处的社会地位，所能支配的财富及社会资源而受到区别的服务。温家宝总理说，"文化是一个民族的精神和灵魂，是一个民族真正有力量的决定性因素，可以深刻影响一个国家发展的进程，改变一个民族的命运"[②]。这番话道出了中央高层对文化的深刻认知和高度重视。学者们也认识到，"只有公益化文化的普及，才能使广大人民群众得到应有的基本文化权益保障。国家公共文化服务体系建设对于提高公民的思想道德意识和科学文化水平，促进人的全面发展，推动社会进步具有重要作用。"[③] 显然，公益文化的普及是精神文明建设的核心组成部分之一。

在文化立国的战略前提下，在文化产业大发展、大繁荣的新时期，人们对广播电视所承载的公共服务功能认识更加深化，公众文化权益更加得到重视。我们看到，"广电总局科学判断形势，采取措施推进重点工程建设向公共服务体系建设转变"[④]，此番措施正是上述理念的具体体现和落实。我们有理由相信，

---

①　杨明品、李江玲/文，"建立健全中国广播电视公共服务体系"，《中国广播电视学刊》，2011（6）。
②　摘自温家宝总理 2010 年 3 月《政府工作报告》。
③　高福安、任锦鸾/文，"基于服务科学的国家公共文化服务体系创新研究"，《现代传播》，2011（10）
④　杨明品、李江玲/文，"建立健全中国广播电视公共服务体系"，《中国广播电视学刊》，2011（6）。

《国家基本公共服务体系"十二五"规划》的实施必将更加有力地推动上述目标的实现。

3. 公益——思想先行的重要性

电视媒体传播平台不会自动实现公益功能，平台掌握在媒体人手中，服务对象和方式都是在媒体把关人的掌控下实现的。因此，必须先有公益思想才可能让媒体平台体现公益性。席巧娟认为，"任何社会事业活动都会有自己的目的性和'轴心原则'。这一'轴心'又会在敬业精神的提倡下，进而转化为从业人员的'集体无意识'，在行业内部普遍遵从，其权威性甚至凌驾于社会道德之上。"[①] 可见，电视媒体的"轴心"就是由制度安排的本质属性或者组织的根本利益，若把收视率作为其"轴心"，可以想见，媒体的目光和导向必然会向其利益关联或提供者倾斜。众所周知，"商业化媒体的大部分内容是为了讨好最受广告商青睐的那些富裕消费者"[②]，而不是最为需要公共服务的多数人。尽管富裕的消费者群体也是媒体的服务对象之一，但是，富裕阶层并不是公共服务的主要对象，对于他们，选择性或许更多。

本研究认为，公益媒体是在内容中体现感化功能，在服务中实现引领作用的，而且，媒体与其使用者的相互作用，是一方影响另一方的双向关系，而不是单向关系。一般情况下，媒体引导公众和媒体适应公众同时存在。有影响力的媒体常常是前者，受欢迎的媒体往往是后者。在媒介渠道过剩的时代，公众的媒介素养[③]也在不断提升，观众也不是那么容易受引导和适应的，他们有着相当的自主性。正如学者赵月枝所认为的，"许多情况下，收视行为是观众习惯性的而不是有意识的选择，更何况，观众的口味与节目内容的关系往往也是一种因果不明的'鸡与蛋'的关系。"[④] 在实现媒体公益性过程中，只不过是一种理想状

① 席巧娟/著，《电视传媒与传播文化大趋势》，中国书籍出版社，2003 年版，第 212 页。
② 转此自赵月枝/著，《传播与社会：政治经济与文化分析》，中国传媒大学出版社，2011 年版，第 93 页。
③ 媒介素养是指人们批判性地解读和欣赏多种媒介讯息与作品以及利用媒介获得自身和谐发展的能力。参见白传之、闫欢/著，《媒介教育论》，导言，中国传媒大学出版社，2008 年版，第 27 页。
④ 赵月枝/著，《传播与社会：政治经济与文化分析》，中国传媒大学出版社，2011 年版，第 122 页。

态，要达到这种理想状态，还是要靠媒体的把关人自身。只有把关人把公益理想化作自身的追求，把贴近服务化作自身的能力，才可能实现公益传播的目标。

事实上，公共文化产品和服务的结果不仅是享用方受益，而且包括提供方在内的每一个有关联的社会成员都能受益，恰如"予人玫瑰，手留余香"的正能量效应。教育电视媒体所举办或倡导的各种公益活动，让包括媒体人在内的所有参与者都能受到教育启迪和心灵的荡涤，所报道的先进模范人物，其事迹当然也会感动传播参与者。正如山东教育电视台公益栏目《幸福速递》主持人赵译梵所说的，"一想起我们做过的这些节目，那一张张可爱的笑脸就会争先恐后浮现在脑海中，每次我都扮演着不同的角色，或者朋友，或者姐姐，或者女儿，和社会上的热心人士一起，仅仅是贡献了我们的绵薄之力，就让他们感受到了那么多的幸福！这让我们的工作变得那么的有意义，再多的奔波之苦也化作甘露甜在心间。"这是媒体人内心感受的真实写照。

二、明确的服务对象——提高公益效率

事实上，对于教育电视媒体自身而言，在确定传播内容，开展公益行动时，必须明确其服务对象是全体公民（Citizen），而不是消费者（Consumer），也不是媒介使用者（Media User）。市场细分（Market Segment）理论①并不完全适于指导公益传播。

公益服务内容可能是政府既定的，也可能是媒体自身分析社会需求而确立的。教育电视媒体不应当机械地照搬市场细分理论来确定自身的服务对象，而应当按照社会不同群体对公益的需求程度来划分和确立。这是因为商业利益的追求必然促使媒体追逐最有商业价值的媒介消费对象，依照消费对象最感兴趣的话题、形态，创意和设计内容及服务方式。公益服务对象为全体公民，并不

---

①　市场细分理论是美国市场学家温德尔·史密斯（Wendell R. Smith）于20世纪50年代中期提出来的。所谓市场细分就是指按照消费者欲望与需求把一个总体市场（总体市场通常太大以至企业很难为之服务）划分成若干个具有共同特征的子市场的过程。此理论关注的是各个子市场的价值对于总体市场的贡献。

是媒体专业化通常所设定的特定群体。譬如，2006 年以前，国家教育部（原国家教委）对中国教育电视山东台（山东教育电视台）的定位为基础教育服务，意味着该频道的节目不能过多地为少儿、大学生等群体服务。但是，2006 年以后，这种制度性安排发生了变化，基础教育不再是其主要服务内容，一时成为无特定对象的教育电视媒体，那么，这就为该频道如何确立公益服务对象提出了新的课题。正如中国教育电视台致力于打造学习型平台一样，山东教育电视台也正在根据社会公益需求，努力探索和确立新的服务对象，并进行相应的业务转型。

有一点可以肯定的是，既然公益性是教育电视媒体的本质，那么，为全体公民提供相应服务应当为其重要的选择。当然，任何媒体不可能为所有公民提供同样的服务，让所有人满意，需求是有差异性的，媒体的公益服务自然也是差异化的。

三、相应的传播内容——回应公益诉求

现阶段，"内容为王"依然是媒体竞争的金科玉律。电视媒体传播的内容是其生存的最重要资源，也是体现其公益性的最重要载体。电视内容是通过一个个形式多样、异彩纷呈的节目品类构成的。若分析起来，能够体现公益性的内容主要有如下一些类别：

1. 政策宣传

政府施政，阐述治理国家的主张，其方式主要通过自上而下的各级行政机构、传达政令文件、媒体发布消息等渠道，而后者的作用越来越更重要。现代信息社会中，有一句俗话，"不在于你说什么，而在于你怎么说"，这为政府施政提出了如何利用媒体执政的新课题，况且"尽管政府制定公共政策是为公众服务，但就个人或小团体来说，人们未必能够认识到政策的实质，从而也未必能够自觉地拥护政策"①。显然，这为教育电视媒体进行广泛细致的党和政府、

① 汪凯/著，《转型中国：媒体、民意与公共政策》，复旦大学出版社，2005 年版，第 152 页。

社会机构的公益政策解读与推动提供了机会。

2. 教育教学

教育与教学信息自然会成为公益内容，因为教育与每个家庭尤其是青少年儿童健康成长密切相关。包括：

教育信息。党和中央、地方政府有关教育政策解读与宣传、舆论引导。

家庭教育。婴幼儿健康教育、语言教育、智力开发等，青少年思想道德和价值观教育、家庭教育案例与模式探究等。

媒介教育①。针对信息时代的青少年，科学合理地利用媒介，发展自身能力，并培养和提升反思、辨析媒介信息的能力。

3. 历史文化

传承传播优秀文化自然是教育电视媒体的重要责任，包括：

优秀传统文化。中华传统文化的精粹，非物质文化遗产等。

革命传统文化。围绕社会主义核心价值观，开发和传承中国共产党所创造的先进政治、思想、道德、价值观等文化。

优秀民族民间文化。发掘与展示中华各民族优秀的、独特的地方文化。

4. 人文科学

人类之所以能够不断进步，关键在于人类能够继承前人的智慧，其中科技、人文精神的传承至关重要。此类内容的电视纪录片往往以其独特的视角，给观众以美感、启迪等诸多方面的享受，其功能被称为"影像的历史"，这是因为，"由于高品质的纪录片代表了媒体的品质和实力，而且优秀的纪录片保值和增值价值大，反复播出可以深刻影响几代人"②。显而易见的是，此类节目的品质能

---

① 媒介教育即提升媒介素养的教育。媒介素养是指人们批判性地解读和欣赏多种媒介讯息与作品以及利用媒介获得自身和谐发展的能力。参见白传之、闫欢/著，《媒介教育论》，导言，中国传媒大学出版社，2008年版，第27页。

② 陈晓夏/文，"提升中国纪录片对外传播能力的思考"，《现代传播》，2011（3）。

够提升全民的文化素养和审美趣味，包括：

世界优秀文化。 通过了解外国优秀人文、艺术等文化，开阔视野，便于国际沟通、理解、借鉴与欣赏。

科学知识。 科学技术日新月异，人们需要及时更新。自然科学、社会科学、生活科学都有普及的必要。

自然地理。 大自然充满奥秘，了解自然，爱护自然，通过了解人与自然关系，保护环境，合理利用和开发自然资源，建设生态文明。

5. 公益广告

电视广告节目以紧凑的节奏，精美的画面，甚至是精彩的故事，在短短的数秒钟或者数十秒钟内，完成叙事。广告节目往往具有较强的感染力，令人过目不忘。公益诉求也常常借用这种形式来表达，并且成为政府管理部门要求媒体必须完成的任务之一。最早的公益电视广告出现在 1978 年，中央电视台以文字或画面的形式播出类似公益广告的节目，倡导社会公德等内容。1987 年 10 月 26 日，中央电视台《广而告之》栏目播出，成为真正完整意义上的电视公益广告专栏，具有媒体发展里程碑的意义。

显而易见，公益广告正受到媒体越来越多的重视，内容也会更加深化，在公益广告的引领下，"将会形成全民公益的社会氛围，让全世界透过公益广告看到我们国家的公益理想，感受到我们的国家气质和精神追求"[①]。事实上，公益广告对于荧屏的净化，对于人们心灵的引导，对于社会风气的荡涤和社会主义核心价值观的树立和强化都有着不可替代的作用。

早在 2003 年 1 月，国家工商总局等五部委就联合发出通知，广播、电视媒介每套节目平均每天在 19 时至 21 时的"黄金段位"必须刊播公益广告，时间应不少于该时段发布商业广告时间的 3%，全年发布公益广告的时间应不少于全年发布商业广告时间的 3%。教育电视媒体不仅要按照要求播出公益广告，更应当充分利用这种艺术形态，从教育、公益、人文素养的视角创作公益广告。

---

① 参见孙铭欣/文，"汇聚力量，传播文明"，《媒介》，2012（1）。

四、广泛的公益行动——提升互动实效

社会的不稳定往往是公众情绪长期被压制后的集中释放。媒体与社会互动可以有效地疏解某种社会压力，是凝聚社会智慧与力量，达成社会共识，促进社会和谐的不可或缺的环节。这一点，早已被社会历史发展所证实，赵月枝说，"正如布洛维指出的那样，社会的弹性与活力正是资本主义得以长久维持并不断超越自己的一个关键因素。与此相反，对社会的压制和社会的脆弱正是导致苏联与东欧社会主义崩溃的一个致命弱点。"① 电视媒体的公益行动可以不断地展示社会的美好与向往，给公众以积极向上的正面情绪，从而有利于公众思想的凝聚和社会的稳定，促进社会向着良性的方向发展。电视媒体公益行动可分为两种方式：主导性行动和平台性行动。前者是以媒体为核心设立某个公益主题，通过媒体自身的号召力和影响力，动员社会组织或个体参与；后者是其他社会组织和个体发起，媒体作为传播平台介入，向社会广泛传播公益行动细节和过程。

1. 媒体主导性行动

媒体根据上级要求和社会需要，可以自主自发地开展某项主题公益活动。以中央电视台为例，从 1994 年首次召开"第一届电视公益广告研讨会"开始，对于国内公益广告的发展起到了重要的推动作用。2005 年，中央电视台会同中宣部、中央文明办、国家工商总局、原国家广电总局等多部委联合举办了"全国思想道德公益广告大赛"等活动。电视媒体用图文并茂、活泼动态的方式，形象生动地表达了社会的诉求，主流的价值观，在社会上引起强烈的反响。这些主题包括：社会热点主题：如"小天使——救助老人儿童篇"、"渴望——留守儿童篇"、"未来——贫困地区儿童上学篇"等；节约环保主题：如"节约用电篇"、"吃喝浪费篇"、"生态环保篇"等；和谐社会主题：如"得蛙蛙——文

---

① 赵月枝/著，《传播与社会：政治经济与文化分析》，中国传媒大学出版社，2011 年版，第 33 页。

明礼仪系列、交通安全系列、爱的表达篇"等。

再如，"免费午餐"计划——由邓飞等五百多位记者、国内几十家主流媒体联合中国社会福利教育基金会发起的公募计划，倡议为贫困学童提供免费午餐，不但临时解决了众多在校中小学生安全、健康午餐的问题，并推动形成了长效机制。以山东广播电视台齐鲁频道为例，1996 年开播以来，先后策划推出大量公益活动，从 2006 年设立"毫光工程"公益救助资金到《拉呱》节目出资建设连心桥、从救助汶川地震肢残儿童到历时三年坚持救治半脑男孩，从"爱心白菜传递爱"电视公益义卖到如火如荼的"齐鲁大篷车　公益三下乡"和不断增多的"小溪书屋"，多年的公益行动，证明了齐鲁频道的公益态度和力量，也为齐鲁频道赢得了收视之外的关注度和良好口碑。其频道定位从具象向着抽象方向演化，从"城市特色、晚报风格"、"青春色彩、新锐思想"到"参与齐鲁、共享欢乐"，再到"公益齐鲁　公信天下"，朝着山东第一公益品牌推进。从中可看出，频道越来越勇于担当社会责任，追求越来越崇高。2012年 7 月 18 日，第五届公益中国颁奖大典在北京举行，该频道获得"最佳社会责任电视媒体"大奖。

2012 年 5 月，优秀人民教师张丽莉勇救学生的事迹被广泛报道后，其感人事迹引起强烈的社会反响。在教育部教师工作司支持下，中国教育电视台抓住时机，于 2013 年 2 月 26 日启动"寻找身边的张丽莉"大型公益活动，大力宣传广大教师立德树人、爱岗敬业、为人师表、严谨笃学的先进事迹，旨在全社会营造尊师重教的浓厚氛围。这项活动覆盖 2013 年全年，分为四个阶段：2 月至 3 月，活动征集宣传；4 月至 6 月，在全国开展"师德宣传季"活动；7 月至 9 月，配合教师节系列庆祝活动进行宣传；10 月至 12 月，录制专题晚会，推出一批在活动中发现的优秀教师。为此，该台已开设"寻找身边的'张丽莉'"网络平台，开通了"寻找身边的'张丽莉'"新浪官方微博。截至 2013 年 5 月底，社会各界踊跃参与推荐，在中国教育电视台官网（果实网）上已推出了 34位优秀教师，公开他们的事迹，供全国网友投票①。

---

①　中国教育电视台官网：www. guoshi. com。

从 2012 年开始，山东教育电视台与人人网、56 网、《南都周刊》等国内多家新闻媒体联合发起了"温暖 2012 彩虹城市公益计划"（简称"温暖"系列公益活动），旨在关注留守儿童、民工子弟，共同打造年度大型慈善援助活动，全年在各地举办若干次的集中捐助和慰问等行动。2013 年"温暖"系列也已如期启动。明星公益大使黄奕说，"他们的父母长期背井离乡，其实对这些孩子的心理健康埋下了一些阴影。而对他们来说，外界给予他们的温暖是最重要的。我希望社会各界能多给他们一点关心，哪怕只是一次探访，一个目光，一句慰问，都会让他们觉得温暖。"有理由相信，公益的种子必将在这些孩子们心中成长壮大，对受助的孩子而言，是他们能够学会回报他人的独特教育方式，对参与人员也是一次次净化心灵之旅。

2. 媒体平台性行动

事实上，由媒体主导的公益行动在社会公益事业中毕竟为少数，在大多数情况下，媒体只是其中的参与者和传播者，但是，在群众性的各种社会活动或行动中，媒体尤其是广播电视媒体起着十分关键的告知、暗示、组织和引导作用。这是因为，"传媒组织的公共参与运动能够协助国家开展公共治理，促进国家与社会的良性互动"，[①] 而且，"公共参与运动能够增进公益意识，提升公德水平，重塑现代价值"[②]。可以看出，没有媒体平台参与的公益行动，其综合社会影响自然会小很多。

公益行动常常是基于平台媒体（Platform Media）[③] 传播的复杂社会活动，涉及的元素众多，调用的社会资源也多，需要精心谋划、设计和执行，其贴近社会、与社会互动的作用也是常规性节目所不能比拟的。譬如，几年来，山东龙视天下传媒集团以公益、帮扶为己任，发挥集团资源优势，整合社会各方面力量，发起和参与的公益活动超过 200 个，参与公益活动人数累计超过 3000 万人次，其主要发起者，山东广播电视台《生活帮》栏目获得"中国新闻界慈善大

[①②]　贾广惠/文，"论传媒环境议题下的中国公共参与运动"，《现代传播》，2011（8）。

[③]　BBC 提出的媒体概念。参见：白传之/文，"媒体：走向平台化——BBC Learning 转型的启示"，《中国广播影视》，2010（1）上。

使"荣誉称号。以 2011 年为例，公益活动有："援助百名贫困家庭脑瘫患儿大型公益活动"（2011 年 1 月 14 日开始）、"大型公益戒烟活动"（2011 年 6 月 15 日开始）、"大型公益寻亲活动"（2011 年 11 月 19 日开始，联合了全国 20 家电视媒体共同举行，影响全国），"食品安全公益论坛"（2011 年 12 月 7 日）等。

中央电视台 1994 年 4 月 1 日开播的《焦点访谈》栏目，播出了大量以维护公众利益为主旨的内容，无论是政府本身还是其他社会组织妨碍和侵占公共利益的典型事例都有可能受到关注和报道，并有效推动问题的解决。《焦点访谈》栏目选题所坚持的"政府重视、群众关心、普遍存在"三条原则，能够最大限度地关注公共利益，而不是个别的、局部的利益。这样，让"媒介来反映民意，并借助民意的力量促成政策的制定和调整——也包括对官员的任免和惩处等广义上的政策行为——成为一种既能保持体制的稳定，又能促进政治发展的有利选择"。① 《焦点访谈》反映的许多问题都在中央电视台强大的平台作用影响下，推进了事件的最终解决。

经原国家广电总局批准，2012 年 1 月 1 日起，完全公益的蒙古语文化频道开播，该频道坚持公益性原则，不播出商业广告，不搞经营创收。内蒙古已将蒙古语文化频道纳入公共服务体系，纳入自治区经济社会发展规划和财政预算。频道将播出适合蒙古语观众口味的大型资讯板块、全新文化类栏目群，形成鲜明的文化特色，成为名副其实的文化频道。② 这是一种全新的理念在实践中的表现，标志着中国公共服务事业在媒体领域进入了一个新阶段。

3. 跨媒体行动

数字信息技术的快速发展，催生了新媒体，使不同媒体能够有机地融合一起，平台媒体开始出现，尤其是大型媒体集团正日益接近这种模式。为此，媒体的行动自然呈现跨媒体的形态，形成媒体与媒体、媒体与社会、社会与媒体复杂的互动传播关系，能够在较短的时间内，设置影响广泛的媒体议程。

---

① 汪凯/著，《转型中国：媒体、民意与公共政策》，复旦大学出版社，2005 年版，第 49 页。
② 《综艺报》，2012 年第 1 期，第 8 页。

由于新媒体尤其是手机媒体掌握在社会个体手中，使得人人成为了媒体信息源。新媒体的广泛应用改变了原有传统媒体作为第一信息源的格局，议程设置能力开始向新媒体转移。公益行动也在新媒体出现，而且社会效益非常明显，加之传统媒体的积极参与，更形成蔚为壮观的超级媒介议程。譬如，2011 年，由于建嵘教授的个人微博所引发的"随手拍照解救乞讨儿童"行动成为跨媒体公益行动的现实案例。2010 年年底，最高院、最高检、公安部、司法部就联合颁布了通告，限令实施或者参与拐卖妇女儿童、收买被拐卖的妇女儿童、聚众阻碍解救被拐卖的妇女儿童的犯罪人员，自 2011 年 1 月 1 日通告发布之日起三个月之内到公安机关等有关部门投案自首。这是我国执法机构在长年坚持不懈打击拐卖妇女、儿童的基础上，相互配合的另一项措施。该《通告》第六条提到：鼓励广大人民群众积极举报、控告拐卖妇女、儿童犯罪。司法机关对举报人、控告人依法予以保护。对威胁、报复举报人或控告人的，应当依法追究刑事责任。于建嵘教授等一些知名人士和媒体，正是响应了政府部门的《通告》而发起了"随手拍照解救乞讨儿童"的活动。每个公民都应该配合政府机构，给社会营造一个良好的环境。这个行动很自然地受到社会广泛的关注、同情和参与，影响之大，这大概是于教授本人所始料不及的。

　　当下，但凡社会大型活动，尤其是公益行动，组织者都会精心策划传播环节，平面、广播、电视、网络媒体一个都不能少，使得行动与社会的接触面大大增加。自然地，公益行动的到达率和影响力也是独家媒体传播所难以企及的。这种媒体与社会联结的纽带不是线状而是网络状，尤其是媒体之间的互动更加使得行动效果呈现出相互叠加，相互推动的复杂态势。

　　为了研究的方便，这里把内容与活动分开来讨论，实际上，在当下的媒体运营中，内容、活动、传播已成为一体化运作。譬如，中央电视台《梦想合唱团》，就"秉承了节目事件化，事件话题化，话题传播化的思路，在宣传上获得了成功造势"①。教育电视媒体也应充分了解媒体发展现实和趋势，通过及时设置平台媒体议程，整合各种相关媒体资源，沟通和传播教育教学信息，促进公众理解和支

---

① 冷凇/文，"从《梦想合唱团》的成功看公益类节目的崛起"，《电视研究》，2012（5）。

持教育事业，分享教育教学资源；通过大型媒体活动传播各类相关科学知识，提升科学素养，促进创新意识；通过传播优秀文化，满足公众精神需求。

近年来，各地教育电视媒体根据实际需求，开展了丰富多彩的公益活动。譬如，山东教育电视台《名家论坛》栏目多次利用名家资源开展公益性"名家进社区"活动，联合省内多家媒体共同参与，把传统文化知识送到社区广场，受到居民的广泛欢迎。2013 年 4 月 19 日，由上海教育电视台发起，联合上海学前教育网、申江服务导报社共同举行，并由上海市教委基教处、上海市浦东新区教育局基教处指导的"育儿加油站——2013 年学前儿童教育、心理、医学专家咨询公益活动"官网正式发布，宣布活动启动，此类活动已是第二届。举办此类活动是因为每年 4 月，为幼儿入园的报名期。"如何选择幼儿园？""如何帮助孩子早作准备，适应幼儿园生活？"等各种问题成为家长们的困惑。公益活动于 4 月 22 日至 5 月 10 日（除五一小长假外）期间，每天邀请一位儿童教育、心理、医学专家在线与家长对话交流、答疑解惑，同期，专家现场咨询活动于 5 月 4 日在浦东文化艺术指导中心举行。活动围绕"幼儿专注力"、"从小玩科学"、"幼儿游戏"、"习惯养成"等多个主题，邀请 30 多位学前教育、心理、医学专家开设大小讲堂、接受家长面对面咨询，并邀请十余家幼儿园或教育相关机构提供丰富的亲子指导活动。① 2013 年 4 月 23 日，四川雅安发生地震后的第三天，武汉教育电视台了解到灾区学校急需活动板房教室情况后，联合武汉晚报社、武汉市青少年发展基金会共同向市民发出呼吁，"伸出您的双手，奉献您的爱心，为受灾最为严重的芦山县双石镇筹建抗震板房教室"。② 短短几天，就收到各级各类学校、市民的大量捐款，为解决灾区实际困难发挥出媒体影响力。

五、公益传播发展走向

在我国经济社会不断发展的背景下，综合分析媒体的发展趋势，可以看出，

---

① 上海学前教育网：www. age06. com，2013 – 5 – 20。

② 武汉教育电视台官网：www. whetv. com. cn，2013 – 5 – 20。

媒体公益传播走向呈现出如下特点：

1. 公益主体多元化

无论是在发达的资本主义国家，还是在发展中的社会主义国家，电视媒体都承载了两种功能：即公益性的公共服务和市场性的产业服务。显然，公益服务属于公共服务的有机组成部分。公益服务可由政府直接提供或者间接提供，这取决于政府的制度安排，提供公共服务是政府的基本职责，也可以是公共服务的责任主体。现代社会管理方向是朝着小政府发展，因此，政府间接提供公益服务越来越多，可采取资源分配方式或者直接购买方式。前者是政府投入相关资源直接运作或者设立社会事业服务机构运作，教育电视媒体即为政府提供属于公共资源的电视频道向公众提供服务。政府也可向市场运营的商业媒体机构购买服务，在现实条件下，后者的服务往往不具持续性和连续性，难以成为公共事业的重要组成部分。总的来看，相比完全由政府提供服务这种单一方式，公益传播主体的多元化，便于相互竞争和公众选择比较，社会资源利用效率和公平性将会得到有效提升，是政府、社会和公众所乐见的格局。

2. 公益内容多样化

不同的服务主体会设定不同的主要服务群体，其传播的内容也为其主要群体服务，传播内容自然也是多元化的。公益性传播注重政府的公益行动、不同社会群体间的内容平衡和关系绝大多数人利益的议程。正如邵志择所认为的，"新闻媒体所追求的公共利益至少应包括公民的知情权、参与权、表达权、舆论监督权、宪法和法律所赋予公民的其他各种权利也在其范围之内"[①]。公益性媒体不会为了自身利益，对所谓"三高"（高学历、高职位、高收入）群体过多关注，选择为少数人服务，而忽略大部分人的诉求。这是因为，实现公共服务均等化发展是建设社会主义和谐社会的重要环节。相比较而言，市场化的媒体

---

① 邵志择/文，"Public Interest：公共利益抑或公众兴趣——市场化媒体的两难选择"，《新闻大学》，2012（1）。

产业服务则会根据市场细分需求，制作与编播有针对性、能赢得目标群体青睐的内容和服务项目，以扩大市场份额，从而获得市场回报。

3. 公益财源多渠化

众所周知，"财源支撑是广播电视公共服务体系建设的基础和保障。由政府在公共服务中承担的责任所决定，公共财政在财源体制中处于主导地位"①。所谓"主导"，是一种保障，并不意味着占据多数份额。一方面，作为公共服务机构，电视媒体主要承担着社会公益传播职能。社会上本来就存在着许多提供公益服务的机构和热心于公益的公众，各种资源自然也会对公益传播有兴趣。因此，制度性安排这些公益资源向公益传播媒体聚集，并加以规范、公开地管理和使用，会促使媒体成为其他公益项目的集散平台，有效地推动社会公益事业的健康、有序、透明发展，公益传播与公益资源会形成良性循环，互相促进；另一方面，"公共文化服务是非市场化的服务，决定了其生产和提供不能按照市场规律进行"②。有学者提出建立"媒体经济特区"，对某些对象性节目，尤其是不被市场追捧的节目实施交叉补贴制度。"如对农节目，还有儿童节目、妇女节目、老年节目等需要制度化的政策支持。这样的节目不应成为电视的摆设或鸡肋，不能因为目标观众没有消费能力就'顺其自然'被市场排斥。"③ 可见，只有保证媒体的财源，才可能提供上述服务，因为，上述对象性节目很难为媒体带来市场回报。

4. 公益服务公平化

在我国，媒体商业化未必一定意味着媒体行业的繁荣，媒体追逐利润反而带来了节目的"三俗"，这是一种以收视率为导向的恶性循环。更为严重的是，

① 杨明品、李江玲/文，"建立健全中国广播电视公共服务体系"，《中国广播电视学刊》，2011（6）。

② 高福安、任锦鸾/文，"基于服务科学的国家公共文化服务体系创新研究"，《现代传播》，2011（10）

③ 张志华/文，"当前电视对农传播的缺失与对策"，《中国记者》，2011（11）。

媒体的商业化直接带来了公众权益的不公平。赵月枝一针见血地指出，一方面，"1990 年代以来，有关传媒商业化、市场化和产业化的研究文献迭出；另一方面，虽然中国经历了社会分化和不平等的深化，传播学却很少关注这些过程中传媒是如何呈现社会分层和社会不平等并使其自然化和合法化的"①。有研究者详加分析收视率的本质，并指出，收视率是国外公司恶意搞垮中国媒体的"阴谋"，虽说有些偏激，但却不无道理和警示。譬如，媒体的广告业务，往往追求的是面向"三高"（高学历、高收入、高职务）人群，而公共利益与此却不相吻合。这种情况下，媒体必须向公益倾斜，而不能只是追求满足相关利益群体的需求。本研究认为，要解决服务公平化，没有媒体的公益性将很难真正实现。

第二节　公益教育电视媒体运营与评估

广电媒体的经营性部分采用市场方式运作，同其他产业一样，属完全市场行为，在承担基本企业社会责任的同时，以营利为主要目的，而其公益性部分是不是该由政府大包大揽呢？事实证明，政府直接管理运营并不是最佳的、高效率的配置资源方式。有研究者曾提出这样的设想，媒体要"构建服务、市场运营、政府监管及中介社会服务四大体系，明确作为公共性质的广播电视媒介和商业性质的广播电视媒介之间的关联，将竞争机制引入广电公共服务领域，实现公共服务单一主体向多元主体过渡，形成公共服务多元互动的局面"②，教育电视媒体既然定位于公益服务，面向全体公民，其运营就要接受来自政府机构的制度约束，也要接受来自社会的评估。本研究认为，作为公益媒体，在管理和运营方面势必与商业媒体有所不同，宜采取政府主导、市场辅助、综合评估的方式，这也比较符合公益媒体的发展现状和未来走向。

① 赵月枝/著，《传播与社会：政治经济与文化分析》，中国传媒大学出版社，2011 年版，第 34 页。
② 胡正荣、李继东/主编，《中国广播电视公共服务体系：目标与实践研究》，中国广播电视出版社，2010 年版，第 83 页。

一、政府主导

政府主导的法律依据在于我国的政治体制与社会管理体制。长期以来，在"党管媒体"的根本原则下，媒体机构由政府设立、频道资源由政府分配、主要负责人也是由主管部门任命，并依党纪和国法对媒体进行行业监管。这种政府的主导性主要体现在如下几个方面：

1. 自上而下的管理

我国的政治体制决定了媒体的管理是自上而下的，而非西方公共媒体通常所采取的董事会式管理。这种管理制度是通过人事任命与考核达到对媒体的管理，并通过两条线进行，一是中共宣传体系通过通知、会议、讲话、谈话等方式进行人事和业务管理；二是属政府序列的广电和教育电视媒体监管体系，主要通过法规、会议、通知等方式进行人事和业务管理。上述管理方式同时也是一种监督，其他平行管理主要来自于工商部门对于广告等经营业务的监管。

2. 主要内容的限定

由于我国至今没有颁布"新闻法"或者"传播法"等最高层级的法律文件，广电媒体的播出内容限制条文见于各种通知以及多年形成的宣传纪律和惯例中。事实上，由于没有详细的、明确的规定，让媒体机构认为，凡是法律法规不禁止的内容都可以制作播出，这很可能导致媒体管理层面采取临时的管制措施加以纠正和限制，这种方式往往致使媒体无从把握，对媒体的长远发展、对培养观众的认同感都是不利的。按照前述对公益性内涵的分析，应当对公益性传播内容用法律法规的方式固定下来，譬如，在每天的节目播出量中应该占有怎样的比例等。这样，既便于政府实施行业监管，又便于社会对媒体进行监督。

3. 财政支持政策

早有研究者提出，"强调公益性的媒体就应当通过一定的财政补贴，或者有效的赞助集资等渠道，实现自我运转"①。由此可见，从财政角度判断，完全市场化的媒体公益是难以实现的，难以想象媒体会把从市场得来的利益全部用于公益事业，本研究开展的全国调查为此判断提供了依据。我们认为，教育电视媒体的经费应当主要来于事业经费和专项基金，这是由于前述公益产品和服务特点所决定的。若比较一下西方公共电视不同的财政模式②，就能更好地理解这一点。

政府拨款方式：澳洲、中国香港等地。

执照费：日本 NHK、英国 BBC、瑞典、挪威、芬兰、丹麦等地。

政府拨款 + 广告（含商业赞助）：荷兰、瑞士、美国等地。

执照费 + 广告（含商业赞助）：德国、奥地利、韩国等地。

政府拨款 + 执照费 + 广告：法国、西班牙、葡萄牙、意大利等地。

从以上分析可以看出，资源补偿模式并不是决定公共媒体机构的唯一条件，政府拨款非常重要，同时，媒体也可以开展商业运营。媒体尽管会受到财政提供方一定的干预或影响，其关键在于媒体实现了怎样的社会公共或者公益功能。根据胡正荣等人的研究，资金来源对公益性实现影响确实不容忽视，并且总结BBC 的经验认为③：筹措的资金必须充足。这样，公共广播电视才能与商业性的广播电视相抗衡，而不被挤到边缘。经费来源还必须是可预知的，公共广播电视的稳定性和维持多年的品质才能获得保障。如果没有一个保障公众出资稳定性的机制，筹资就会成为影响或控制公共广播电视机构的手段。

事业经费。作为公益性事业，教育电视媒体的运营资金当然主要由政府提供或者按照法律法规筹集，包括合法取得社会资助和捐助。这是保证教育电视媒体公益性以及实现其可持续发展的必要条件。王哲平认为，"对于以传播知识为主的教育电视台来说，原本就是真正意义上的公共频道，理应由国家和各级政府保证其运行资金。"④ 尽管资金来源并不能成为判定教育电视媒体本质属性

---

① 转引自：梅明丽/著，《传媒制度分析和战略重构》，上海世纪出版集团，2011 年版，第 252 页。

② 参见石力月/文，"历史的视野与非本质化学化的'公共性'"，《新闻大学》，2011 冬季号。

③ 胡正荣、李继东/著，《中国广播电视公共服务体系：目标与实践研究》，中国广播电视出版社，2010 年版，第 199 页。

④ 王哲平/著，《中国教育电视：历史、现状与发展》，中国社会科学出版社，2006 年版，第 75 页。

的必要条件，但是，资金来源却可以成为影响其公益服务的重要因素之一。国内外实践证明，媒体如果因经费不足，转而过多地依赖市场，必然会出现经济性被强化，公益性被弱化的局面，譬如，近几年，我国媒体最为突出的就是"对农节目、传统文化、民间艺术、公益广告等节目的减少"[①]，但是，如果完全依赖政府财政支持，也很有可能使得媒体运行重回计划经济时代，导致资源的低效运用。

商业势力对媒体的渗透像一把双刃剑，既能支持其开展普遍性的公益性服务，同时，也会受利益集团影响而可能带有一定的偏见，或者削弱其对目标群体的服务。近年来，不少教育电视台迫于收视率和市场竞争压力，过多地播出无教育教学无关的影视娱乐节目，就在一定程度上偏离了教育电视媒体的定位，损害了教育电视媒体的内在品质和品位。

专项基金。《中华人民共和国公益事业捐赠法》（1999年6月28日通过）规定：公益的范围包括：教育、科学、文化、卫生、体育事业。因此，无论教育电视媒体属于教育事业还是属于文化事业，均在可接受捐赠和捐助的范围之内。政府应当设立专项基金筹集各种社会资本用于支持教育电视媒体事业发展。在这方面，国外是有案例可借鉴的，譬如，在韩国，"政府设立了专门的广播发展基金以支援广播电视发展，基金来源于有线电视经营许可费、广播公司捐款和罚金，以及每年从地面广播公司抽出的3.37%～4.75%的广告收入等，专门用于支持教育节目、为残疾人开办的节目、观众参与的节目、广播电视公益活动和技术研发等广播电视公共服务项目"[②]。这种做法完全可以借鉴到教育电视媒体运营中来。

4. 市场辅助

历史证明，完全由政府配置社会资源未必是最佳的选择，市场辅助资源补

---

① 唐海江、孙佳乐/文，"试论我国广播电视公共服务财政支撑体系的建构"，《现代传播》，2011（12）。

② 参见国家广电总局发展研究中心课题组/编，《发达国家广播影视管理体制和管理手段研究》，中国传媒大学出版社，2007年版，第120页。

偿是必要的。因为公益媒体与市场运作也并不是完全对立、互不兼容的。媒体向社会提供免费公共服务，为了自身的可持续发展，公益事业也可以实行一定的市场化运营。随着商业广播电视的迅速发展，媒体受众（Media Audience）正转向媒体消费者（Media Consumer），就西方的公共广播电视运营模式来看，"公众资助与商业资助同为公共广播电视的资金来源正变得越来越普遍。近年来，很多公共电视传播机构对广告解禁，或者播出更多的广告，它们或开办新的付费服务，或者通过完全商业的行为以资助它们主要的公共服务"①，公益媒体与市场的对接探索由此可见一斑。

有研究者认为，"公共广播电视机构属于事业单位，即非营利，但非营利不等于不营利，而是不以营利为目的"②，只不过其营利要用于本身的持续运转和扩大再生产，为社会提供更好更多的公共产品和服务。教育电视媒体利用各种社会资源、人才资源、技术和设备资源提供商业服务也可以筹集一定的资金用于自身发展，在开展这些服务时，只是不能受到利益集团的过度干预而影响到公益目标的实现。

公益目标也可以通过市场手段来实现，关键在于市场运作的目的以及对市场获利的使用。如果没有一定的市场指标手段来测定教育电视媒体的传播效果，那么，有可能使有限的社会资源得不到更高效率的开发和应用，同时，对从事教育电视的媒体人而言，也少了体现其成就感的某些指标。市场运作所获得的资金，可以为媒体更好、更多和在更大范围服务社会公益提供财力支撑。试想，对于重装备的媒体而言，如果在资金方面捉襟见肘，不能够及时升级高质量的设备系统，也难以吸引高水平、高素质的人才加入，又何谈提供高品位、高水准的内容和服务呢？与此同时，市场化的某些管理手段的引入，更可以提升和激发教育电视媒体本身的活力。

---

① 胡正荣、李继东/主编，《中国广播电视公共服务体系：目标与实践研究》，中国广播电视出版社，2010年版，第198页。

② 胡正荣、李继东/主编，《中国广播电视公共服务体系：目标与实践研究》，中国广播电视出版社，2010年版，第113页。

二、综合评估

对于我国广电媒体的商业化现象，有研究者十分尖锐地指出在内容方面存在的问题，并归纳为四个方面①：一是节目品位低俗化、泛娱乐化；二是节目形式、内容同质化；三是节目评估倚重收视率；四是节目虚假，常常真假难辨。正是由于这些现象的存在，包括中央电视台在内的电视媒体都在积极进行评估变革。2011年年初，中央电视台推出了新的评估体系，构建由"引导力、传播力、影响力、专业品质"等维度构成的评估体系，其中，引导力体现主流媒体的舆论引导方向和能力，传播力体现传播的广度，影响力体现传播深度，专业品质则反映节目质量。除传播力涵盖收视指标，来自市场监测外，其余数据均来自大型观众调查和专家、领导评价，新体系突出强调节目评估的社会综合效益导向以及节目品质。

在如此背景下，教育电视媒体的科学评估正变得更加紧迫。如何进行评估？依据又是什么？英国电视研究专家，牛津大学媒体研究员周康梁认为，"赢得最大数量的受众并不是评判广播电视服务优劣的唯一标准，也绝不是最重要的标准。"② 鉴于我国现行的媒体管理体制，结合教育电视媒体的特点，本研究提出，对教育电视媒体评估分为两部分：一是内容与服务评估，二是运营评估，两方面的要求亦有所区别和侧重。如何设定具体评估指标？内容评估怎样进行？由谁进行评估？这并不是单纯的学术问题。因为，评估是保证国家政策落实，检验媒体服务观众、推进国民素质提升的重要方式，更是促进媒体改进内容、提升服务水平的重要措施之一。

1. 内容与服务评估

教育电视媒体主要是依赖内容传播来发挥功能的。因此，对其内容进行评

---

① 胡正荣、李继东/主编，《中国广播电视公共服务体系：目标与实践研究》，中国广播电视出版社，2010年版，第85–87页。

② 周康梁/文，"英国电视的政府干预"，《中国广播影视》，2012（1）（上半月）。

估是最为重要的方面。参照美国学者的研究①，我国教育电视媒体的内容评估可主要有如下的标准：

内容评估

多元性（Diversity）：内容对所有公众一视同仁，不存在偏见和选择性。

创新性（Innovation）：内容本身要不断进行创新，包括视角、形式等。

实质性（Substantive）：内容不是虚幻的构想，而是与实际生活相符的，符合逻辑的。

独立性（Independence）：为了维护和体现公益性，内容不能受到政治团体、利益团体的影响而厚此薄彼，要打破权力系统对信息资源的垄断。

接近性（Accessible）：公众用简单的方式、较少的付出和较低的门槛便可获得内容。

适用性（Suitable）：内容与公众的愿望和要求尽可能接近，要根据公众的需求创意制作。

服务评估

人与媒体关系正在发生根本性变化，人的主动性越来越强，媒体引导力和影响力面临日益被分化的挑战。媒体使用者的选择变得越来越多，因为媒体渠道越来越多，内容越来越广泛。这要求媒体不断提升服务水平，调整战略发展方向。汪凯认为，"媒介从组织化走向社会化确实是一个明确的趋势，不仅体现于经济上的自立，更是媒体实践在方式和角色、功能上的变化。"② 媒体提供服务体现了典型的第三产业的一般特征。

公平性（Fairness）。公平不是平均。在任何社会制度下，也不可能做到所有社会成员享有完全平均的社会资源，但是，相对公平却是可以做到的。在社会主义制度下，无论是城市还是农村，非主流群体的诉求不能被忽略和遗忘。公平也是文明社会的重要标志之一，尤其是作为公益的教育电视媒体，更应该在促进社会公平方面做出努力。通过所掌握的公共资源为最广大的公众提供公

---

① Croteau D. & Hoynes，W. *The Business of Media：Corporate Media and the Public Interest* California：Pine Forge Press 2001，第 150 页.

② 汪凯/著，《转型中国：媒体、民意与公共政策》，复旦大学出版社，2005 年版，第 182 页。

平的内容和服务。这种公平主要体现在：优质教育资源经由媒体的再分配；知识与信息资源的均等传播与接受；生存状态在媒体得以呈现；愿望在媒体得以表达等，而且，这种双向的媒体互动并不要公众付出太多，是普惠的，易得的。事实上，我国多个城市的有线电视在完成数字整体转换后，成为服务于社会的信息化平台。以青岛为例，其综合平台上便包含航班、天气等便民服务业务。教育电视媒体也应当在所属平台上，创意开发出更多、更便利的社会服务内容。

满意性（Satisfaction）。改革开放后，我国电视媒体引入了收视调查方式对节目传播效果进行评估，最受媒体关注的也是广告主最为看重的指标即是收视率。事实上，这个收视率指标具有很高的商业价值，因为收视率反映的是某个时段在某区域观众注意力的集中度，这个集中度恰恰是广告主所期望看到的广告投放目标群体集中度。"一档收视率很高的节目和平均收视率很高的电视频道，可能任何时段吸引到的都是相同的观众群"，[①] 其价值不言而喻。因此，收视率高的节目自然受到广告主的青睐和追捧，这与商业频道的市场定位密切相关，但是，收视率却不一定是公益服务所追求的目标。公益内容追求的目标是多元化的观众，而不是每个时段都是最多数的观众。特定公益节目常常是为其目标群体中的特定部分而提供的，因此，针对特定观众的到达率才是最为重要的指标。

对公益服务目标的满意性进行评估自然不能采用市场标准，但是，市场调查的工具却是可以利用的。一方面对公益目标群体进行收视和满意度调查，另一方面请社会研究专家群体、公益服务对象代表对内容和服务进行主观性评价。只有把两者有机结合起来，才可能获得公众对媒体内容和服务满意程度的准确评价。

2. 综合运营评估

综合运营评估主要是对其资源利用情况进行科学评估。由于教育电视媒体运营依托的是公共资源，那么，社会有权利对其运营进行评估，以考察资源利

---

① 胡正荣、李继东/主编，《中国广播电视公共服务体系：目标与实践研究》，中国广播电视出版社，2010年版，第203页。

用率，促进提高运营效率。

资源利用率。资源包括人才、资金、设备、频道等主要方面。人才是媒体的第一资源，能否创造适宜的工作环境充分发挥员工的才智，并使他们获得提升的空间，这是媒体各项工作的基础。在资金方面，主要考察其用途和比例，是不是把资金主要用于节目、设备、人才等关键要素上；在设备方面，主要考察其采购成本、使用效率等；在频道方面，是否按照有关规定把主要时段资源用于公益内容和行动上。

运营效率。包括人、财、物、安全等各方面是否建立了完善的使用和提高综合利用效益等管理制度，尤其是资金使用方面的核算与成本控制为考核重点，考核内部具体执行是否有监督措施等，是否做到制度民主决策，执行开放透明。在商业运营环境中，作为提供公益性服务的教育电视媒体，应当享受到国家对于公益事业的相关政策支持。譬如，电视信号的卫星传输费用，各地有线电视网络公司对教育电视频道收取的入网费可以减免，主流视频网络服务商也要相应减免服务费等，再者，教育电视媒体的营利部分在税收等方面也给予政策性减免。

三、评估主体与方式

2011 年 10 月 18 日，中共十七届六中全会通过的《中共中央关于深化文化体制改革 推动社会文化大发展大繁荣若干重大问题的决定》中明确提出："创新公共文化服务设施运行机制，吸纳有代表性的社会人士、专业人士、基层群众参与管理。"教育电视媒体的公益性，决定了对其公益性服务进行评估就不仅是政府主管部门上对下式地考核，而应当接受来自社会各方的评估，评估主体应当是多元化的。

在这方面，政府必须适当独立于媒体而存在才能参与评估。政府可以主导评估，但不一定参与评估的过程。政府若不能以管理者出现，当出现关联利益时，有可能导致媒体寻租，即媒体利用社会所赋予的公共权力，通过某些政治和社会资源，用所支配的公共资源换取自身或相关者利益，而不顾及多数人的公共利益；同理，如果政府作为运作主体参与媒体的公益运营，那就意味着，政府既是裁判员，又是运动员，其中相关的政府工作人员就被赋予了某些特权。正如胡正荣等人所指出的，"政府工作人员也是经纪人，对成本、收益的计算指导着他的行为。他们的行为目标同整个社会福利最大化目标未必一致，甚至有可能发生冲突，因此政治活动主体往往是在为自己服务的前提下服务社会。"[①] 这可能会带来一系列权力、社会和媒体各方利益的冲突。

从如上的分析可以看出，对教育电视媒体的运营评估主体应当是独立于政府和媒体之外的第三方，以体现政府对公益事业投入的效果和公民对媒体进行监督的民主权利。可是，就中国的社会制度和现实而言，完全由第三方评估很难一蹴而就。为此，首先要建立一套科学合理的评估体系，其次，评估应由自我评估、政府评估和社会评估三个层面构成，以减少评估的偏差。三种评估各有侧重，互为补充，形成较为完善的教育电视媒体评估制度。

自我评估。内部设立专门部门对日常运行过程进行详细记录和一般评估，侧重于人才使用、内部管理，定期在内部通告，通报上级，直至向社会公开。

政府评估。成立由教育、广电、文化、工商、民政等相关机构代表组成的联合评估委员会，侧重于干部管理、资金使用、导向与安全管理体系评估。

社会评估。成立由社会各阶层代表组成的公众评估团，侧重于内容和服务评估，当然也包括借用市场手段进行的收视评估。但是，市场手段包括收视率指标有着很大的局限性，要慎重使用。据本研究开展的全国调查，许多教育电视媒体一直自觉地把收视率作为参考标准使用，并未在栏目和节目的考核中作为硬性指标使用。其根本原因就是，收视率的统计是以某区域某时间段的总体观众作为基数来计算的，而多数教育电视节目对象性比较强，不完全适于采用收视数据作为指导节目制作的重要指标。

针对三类评估，可以分别建立相应的指标体系，要做到指标清晰简明，项目操作性强，评估过程公开。

---

① 胡正荣、李继东/主编，《中国广播电视公共服务体系：目标与实践研究》，中国广播电视出版社，2010年版，第100页。

具体可操作性的评估指标和方式有待本研究进一步深入探讨。

第三节 公益教育资源媒体平台建设

中国教育电视媒体从数量、覆盖面、影响力和综合实力指标而言，难以称得上全国意义上的"系统"，但是，其存在的社会样本意义和发展前景仍然是乐观的，本研究展开的调查也证明了此判断。因为，公益媒体发展既取决于国家相关媒体管理政策的支持，更取决于教育电视媒体自身的作为。为此，参照国外公共媒体理论，结合我国教育电视媒体发展实践，尤其是在新媒体促发的全媒体环境中，政府应当不断改进公益媒体管理方式，媒体应当不断拓展公益活动空间以提升公益活动水平，朝着公益教育资源媒体平台发展。当然，由于各地社会发展条件不平衡，平台模式也会有所差异。

一、改进公益媒体管理与服务模式

自新中国成立至改革开放的 60 多年来，尤其是改革开放后的 30 多年中，我国政治、经济、社会诸多方面所发生的剧变有目共睹。就媒体而言，宏观管理层面的变革力度不是很大，但是，媒体内生性变化却在不断地积累着量变的能量，迫切要求管理制度的大变革，为媒体释放和提供更为强大的发展动力，这就需要深入探讨中国特色的媒体分类管理模式。实践证明，先于广电媒体改革的新闻出版行业已因体制改革获得发展先机。尽管世界上各国的政治制度有所差异，电视媒体管理体制各有特点，但是，"世界上大多数发达国家都根据广播电视的不同性质，将广播电视明确区分为公共和商业两类。两类广播电视承担不同的任务，国家对其实施不同的管理政策"①。

我国地域广大，经济社会发展极不平衡，社会各阶层需求差异明显，对媒

---

① 黎刚/文，"从实践看中国广播影视改革的若干基本原则"，《现代传播》，2012（5）。

体提供的产品和服务要求自然存在巨大差异，这本是各类媒体存在和发展的社会基础和土壤，但是，由于广电媒体单一管理模式的弊端，很大程度上抑制了媒体发展的空间，当然，也相应减少了对公众的差异化的服务，显然，制度在一定程度上成为媒体传播事业发展的障碍。

英国学者詹姆斯·卡伦提出理想的文化传播模式，认为，"占主导地位的媒体是非营利性的公共广播电视，而其他组织逻辑下的媒体则包括私营商业媒体、社会市场媒体（亦即在市场逻辑框架中运行，但由于其服务的群体不是广告商的目标消费者，它们在市场竞争中没有优势，因此需要政策性的补贴）、专业媒体以及公民社会媒体（包括非营利的党派媒体、社会群体媒体以及参与性的社群媒体）"①。直到今天，我国电视媒体事业和企业属性、党性和媒体属性、政治宣传与社会公共服务功能混在一起，常常让媒体自身无所适从。

媒体管理制度取决于社会发展总体进程，或者必须与社会政治、经济、文化等相适应。为此，有国外研究者认为，"现代传媒政策前后连续有三大范式：第一阶段为传播产业政策的萌发阶段，政策重心在私人所有制，管制的目的在于促进竞争，反对垄断；第二阶段是传媒公共服务政策时期，规范和政治上的考虑多于技术方面，侧重国家利益，关注自由、多样性、问责性；第三阶段的基本特点是全球化快速发展，政府、跨国公司等共同主导着传播政策的变化，公司力求放松管制，政府逐渐从干预市场管制中退出。"② 这些研究结论为教育电视媒体公益性发展提供了启发和帮助。

结合现实状况以及未来社会需求，我国应当立法建立媒体分类管理模式：一类为事业型媒体，二类为商业型媒体，三类为公益型媒体。针对三类媒体，实施不同的管理制度，尤其是要加强教育电视媒体建设，逐步形成以教育电视媒体（含网络）为统领、各级校园媒体（含网络、电视）为依托的全国性教育文化信息资源平台，为国家教育文化传播奠定信息化、数字化、系

---

① 转引自赵月枝/著，《传播与社会：政治经济与文化分析》，中国传媒大学出版社，2011年版，第276页。

② 梅明丽/著，《传媒制度分析和战略重构》，上海世纪出版集团，2011年版，第129页。

统化基础，促进国民素养水平的持续提升，为中华文化复兴提供不竭的智力资源动力。

第一类，事业型媒体。包括为执政党服务的政治媒体、提供社会新闻和政府信息的公共媒体、提供公共事务平台的公共媒体（如同公交公司一样，服务价格由政府规定），由宣传部门直接管理，国家设立类似"国资委"的机构作为资方。第二类，商业型媒体。为完全市场化的、独立运营的市场主体，提供经济、体育、娱乐、电影、电视剧等内容服务，参与国内外传媒市场竞争，可以国有独资，也可有其他社会资本参股。第三类，公益型媒体。为完全免费的公益媒体，主要提供教育、文化、科学、卫生、戏曲等内容服务，没有商业广告，满足公众基本文化消费与沟通需求，由公用事业管理部门管理，主要资金来自于政府，接受社会各种资助和捐助。分类管理将为教育电视媒体打开巨大的发展空间，也能使教育电视媒体逐步摆脱与广电媒体的同跑道竞争，探索出中国公益媒体发展新模式，为国际传播提供新的发展样本，从而夯实我国文化软实力的基础。

我们也乐观地看到，党的十七届六中全会理论上的重大突破之一，就是把文化行业分成公益性文化事业和经营性文化产业两类管理，制定不同的政策加以规范管理。全会也强调指出，"坚持牢牢把握正确方向，加快文化体制改革"。"首先强调的是坚持正确方向，包括社会主义先进文化的前进方向，对文化教育人民、引导人民功能的保持，也包括对文化传承、文化多样性意义上的保证。"① 这意味着，无论是什么性质的媒体，即便是实行了分类管理，达到上述原则要求是运营的前提条件，没有了对此原则的遵守，那就失去了存在的价值，这是所有媒体的共同性，更是由我国社会主义制度内在规定性所支配的。尽管政策层面的变革不是由教育电视媒体本身所左右的，但是，媒体公益传播行为却是媒体人所能追求和实践的。教育电视媒体要想逐步成为真正的公益媒体，还有很长的路要走，而强化公益属性，改进资源补偿方式，不断提升公益服务水平却是可以做到的。

---

① 黄志坚等/文，"文化体制改革与电视发展"，《电视研究》，2011（12）。

教育电视媒体首先是文化媒体，文化是教育的内容，也是教育的基本元素，更是教育电视媒体内容的根基，在此层面上，媒体要形成思想上的共识，以求达到行动上的统一。党的十七届六中全会决定中指出，"文化越来越成为民族凝聚力和创造力的重要源泉、越来越成为综合国力竞争能力的重要因素、越来越成为经济社会发展的重要支撑，丰富精神文化生活越来越成为我国人民的热切愿望。"教育电视媒体应当责无旁贷地担负地文化建设的重任，而不是抢收视、抢广告、抢客户，无所顾忌地参与市场竞争。这是因为，国家设立教育电视媒体的初衷不是为了丰富电视荧屏，更不是为了给广电媒体树立一个竞争对手。如同其他教育机构、图书馆和博物馆等文化机构一样，教育电视媒体要自觉服务于国家教育、文化建设，为公众提供高品质、高品位、高品格的教育科学信息、文化艺术内容和服务，满足其精神渴求，促进公众提升文化科学素养，提高精神境界。

二、拓展媒体公益活动空间

随着人们物质生活水平的不断提升，对精神产品的渴求也越来越强烈，对媒体内容和服务越来越挑剔。许多媒体人感叹电视观众的流失，却忽视了一个基本的问题，那就是，媒体是否真心满足了观众的切实需求？是否真正维护了公众的根本利益？事实上，只要站到公众利益角度，创新服务模式，自然就会得到观众的认可甚至追捧，尤其是公益活动越来越成为媒体塑造品牌、提升公信力和影响力的重要方式。

近年来，部分媒体包括教育电视媒体为公益事业也做出了大量探索，取得了良好的社会效益。譬如，作为中国教育电视媒体的龙头，中国教育电视台立足公益性，确立创建全球最大学习型平台的定位并加以全方位实施。其知名栏目《职来职往》，现已成为典型的公益活动空间拓展样本。该栏目"抓住民生热点，面向普通观众，引导正确择业观，对缓解大学生就业供需矛盾、引导人们树立正确的求职取向，富有现实指导意义，取得了良好的口碑和广泛的影响……多次获得中宣部、国家人力资源与社会保障部、国家广电总局、教育部的表扬和肯定"①。此类栏目,取得了"社会价值与产业价值的统一"②、实现了"教育功能与公益性质的双结合"③。中央电视台《梦想合唱团》、浙江卫视《中国梦想秀》、贵州卫视《中国农民工》、天津卫视《非你莫属》等大型栏目,山东教育电视台《幸福速递》栏目(相关活动见本书附录一)等,其落脚点都是社会公益事业,都是以平台为资源为公众提供公益服务。

以山东教育电视台为例,也从主要服务于九年义务教育拓展到教育宣传、科学、文化、艺术等教育的多个层面,充分发掘和利用教育等资源,面向社会展开公益传播,取得了广泛的影响力。这是因为,教育电视媒体参与主导相关公益事业可以有效解决三个问题:公益主体、公益信用和公益平台,从而为公益事业健康可持续发展,构建媒体参与建立保障体系。

早在20世纪90年代,山东教育电视台就与山东省团委等机构合作,助力"希望工程",全程参与邵逸夫捐款项目等社会宣传等工作,直接推动了项目的落实,引发了社会各界的关注,取得了良好反响。进入新世纪,上级主管部门一直把该台定位于全额拨款事业单位,从制度上保证了频道整体作为公益事业属性,并且在财务管理方面,实行收支两条线,确保运营收入主要用于自身再生产。

自2001年起,山东教育电视台历时5年,投入约60万元,创作拍摄了大型科普系列电视节目《身边的科学》,在全国数十家电视频道播出,收到了广泛的社会效益。该项目荣获2006年度国家科学进步二等奖(编号:J-204-2-03)。这部电视版的"百科全书",把人们日常生活中的科学常识,以通俗易懂的影像方式加以剖析和呈现,让观众在了解其科学原理和内涵的同时,得到科学美与艺术美的双重享受和熏陶。在许多媒体"愚乐"观众的当下,《身边的科学》具有鲜明的启智作用,同样受到观众的喜爱和认可。2012年5月至6月,中央电视台热播的《舌尖上的中国》也可以看做是此类节目的又一种表达形式,这类节目集思想、科学、人文和艺术与一体,让人们在时空的流淌中

---

①-③ 李群/文,"论中国教育电视制播分离的主要对策"——由《职来职往》引发的思考,《现代传播》,2012(8)。

尽情体味中华美食文化的精粹与内涵。

自 2012 年起，山东教育电视台联合国内多家新闻媒体发起的"温暖"系列公益活动不仅给孩子提供了物质上的帮助，还关注他们的精神成长，让他们感受到来自社会各界的温暖与关爱。（相关内容见本书附录二）

每年 6 月是我国的禁毒宣传月。2012 年的 6 月，山东教育电视台围绕着禁毒宣传展开了一系列活动，各项活动之间形成了良好的互动。以在卫星电视频道播出禁毒题材电视剧《国家形象》为依托，还首次应用官方微博进行了大量图文直播，活动内容被广泛转发。（相关内容见本书附录三）

公益活动具有以下显著特点：（1）体现国家意志。政府通过制度安排设立公益性文化服务机构体现了政府的执政理念，是为公众提供普惠的公益产品和服务。（2）地域性较弱。公共利益不是地方特殊需求，而是广大地域公众共同的旨趣和发展需要。（3）通用性较强。公益与国家的发展总目标相一致，一般不为特殊群体服务。这三个特点决定了公益产品和服务可以做到以较低的成本运营，并可在全国范围内适用。

多年来，担负社会责任的学者们提醒电视媒体正越来越城市化，而广大农民成为被媒体"遗忘"的社会群体，因为，从市场营销的角度，农民被认为"商业价值"太低，事实果真如此吗？其实不然。在并不富裕的内陆省份湖北，荆州电视台探索出了一条以公益服务赢得公众和市场的道路，成为全国以公益服务取胜和成功的典型范例，多次受到原国家广电总局的表彰。荆州电视台从一个办了多年的《垄上行》栏目开始，得益于理念正确，经营得当，发展越来越壮大，后申报开辟了专门的对农频道——垄上频道。下面的报道①形象地描绘了"垄上人"践行公益的成功追求：

一个地市级电视台制作的"农"字号节目，为何能打动江汉平原众多农民观众，并受到外省同行的密切关注，多次荣获全国广播电视大奖？"我们受欢迎，并不是节目多么完美，而是市场上有巨大的需求。"荆州电视台台长李海昌说。

一群"憨记者"：有人把荆州电视台《垄上行》频道的记者，称为一群

---

① http://bbs.cnhubei.com/thread-2311091-1-1.html

"憨记者"、"傻记者"。潜台词非常丰富：憨厚，实在，这是农民的说法。傻里傻气，不够精明，这是一些圈内人的看法。说他们有点"憨"有点"傻"，也不是完全没有道理。

一"傻"。搞农民频道不划算，他们偏偏搞了。当下中国许多的广播电视"嫌贫爱富"，多数媒体在策略上重城市轻农村。统计资料显示，每年全国播出1000多万小时，对农节目只有1%。荆州电视台敢吃这个螃蟹。

二"傻"。记者要住进农民家。《垄上行》频道的记者每年要在农民家住一个月，以熟悉农村、农民、农事，培养和农民的感情。每位记者在不同的农户家里只能住三天两晚。"大小燕子说农事"栏目中的小燕子韩妍妍，才21岁，山东姑娘，毕业于华中农大植保专业，去年中秋节就住在公安县斑竹垱镇车家垱村农户刘华的家里。

三"傻"。记者个个都是"泥腿子"。一年四季都泡在乡里、村里，记者朱望君去年在洪湖、沙市、江陵、公安各地农户家里住了10次，帮农户打柴、收鸡粪、挖水槽、喂猪，什么都干，一个月只能休息两天。

遇到雨雪天怎么办？《垄上行》记者都是自己开车下乡，后备箱里都放有雨衣、雨鞋，风雨无阻。主持人王凯说，"开车到荆州市所辖的每个村，我不敢说不会走弯路；但到每个乡，我不会迷路。"

四"傻"。投入大。《垄上行》每天有多台采访车开出，设备养护、车辆维修、油耗、误餐等，都是频道自掏腰包。记者只要吃住在老百姓家里，必定给钱。《彭孟送礼》节目，一年就要送给农民朋友几十万元物资。

李海昌这样解读：荆州地处江汉平原腹地，是国家重要优质商品粮棉油生产基地，人口640万，其中农业人口450万。媒体的衣食父母理所当然是农民。"面对这个庞大的群体，我们没有理由不把目光投向脚下的土地"。

对此，中国广播电视协会会长李丹感叹，一个地市级电视台，"坚持在垄上行走，替电视立德，为农民立功，实在难能可贵"！

如上范例充分证明了三点：（1）公益是媒体开展社会活动的重要领域，是取得良好社会效益的突破点；（2）公益同样蕴藏着巨大的市场发展空间，是间接取得经济补偿的增长点；（3）媒体人以公益思想意识付诸公益实际行动，公众自然给予回报，形成"媒体与人"、"人与人"良好互动，构建和谐"人—媒"关系，为更好地提供公益服务奠定持续发展的基础。

三、克服媒体传播中的不良倾向

根据如上的理论分析和公益性探讨，比照媒体运营实践，我们也发现让人忧心忡忡的种种不良现象或倾向。

教育电视媒体的公益性本质决定了其内容不能面向特定利益群体。这就意味着在内容方面，应是多样性的、平衡的和无偏见的。2005 年 10 月 20 日，联合国教科文组织通过了一项公约，即《保护和促进文化表现形式的多样性公约》，为世界文化保护提出了一个法律框架，公约"确认了文化多样性是人类的一项基本特征和共同遗产"[①]。因此，多样性也是实现公共民主和表达自由的必然表现。

教育电视媒体既然是大众传播平台，履行其积极义务是本职，正如有学者所认为的，即"发挥其教育职能，以帮助国民提升知识文化素养，使其成为富有见识、理性、合格的公民"[②]，这种传播若从教育角度来看，是学校教育的补充，本质是为公众提供所需的各种教育资源；若从公民角度来看，则是在媒体互动过程中，获得愉悦、知识和信息。当然，教育电视媒体还要较之其他媒体履行更加严格的消极义务，这就是"不得传播损害青少年、少数族裔、弱势群体的权益的节目"[③]。换言之，任何群体均应享有平等的媒体使用权，并不应被忽视、或者带有偏见地参与媒体传播过程或者被媒体呈现。然而，某些频道中的广告节目就存在明显的男权思想，有歧视妇女之嫌。

当今社会，消费思潮几乎无孔不入，到处弥漫着消费享乐主义的阴霾，部分媒体内容也受到侵蚀。消费文化借助大众媒体的广泛传播，形成泛滥之势，庞大的消费洪流吞噬着脆弱的民族文化多样性，摧残着平衡的文化生态环境。

---

① 赵月枝/著，《传播与社会：政治经济与文化分析》，中国传媒大学出版社，2011 年版，第 265 页。
②③ 李丹林/文，"媒介融合时代传媒管制问题的思考"，《现代传播》，2012（5）。

教育电视媒体应当以公益性抵制或消弭消费文化的侵蚀或负面作用。我们认为，从某种意义上而言，消费文化是一种社会麻醉剂，能让人既生活在消费的狂欢中，又不断激发出更强的物质占有欲。消费文化对刺激消费，促进生产有一定的作用，但对精神世界的破坏力也是显而易见的。

娱乐至上是更加带有普遍性的做法，若从批判角度，有学者认为，湖南卫视的娱乐文化"把青少年变成弱龄化"，"电视在陪他们慢慢变小"，并且尖锐地指出："倡导快乐本没有问题，问题在于这种娱乐化是否阻碍了青少年的成长。我们不能拔苗助长，也不能变相愚民和愚青。"[1] 尽管教育电视媒体传播内容可以"寓教于乐"，或者"寓乐于教"，然而，有些传播内容却是借着教育的外壳，达到娱乐的目的，以夺人眼球，吸引广告。

如此的不良倾向正在侵蚀教育电视媒体立身之本，必须引起教育电视媒体人高度重视和警惕。

第四节　教育电视媒体发展方向

探讨教育电视媒体发展，显然不能仅仅局限于公共文化视角，因为影响教育电视媒体发展方向的还有其他诸多因素，那么，若从教育、法理以及媒体自身来分析，教育电视媒体应该具有怎样的社会功能定位呢？对其发展方向构成怎样的影响呢？

一、转型中的教育电视媒体

尽管教育电视媒体的历史仅仅有 30 多年，但是教育电视媒体正在进入转型时期，这主要是由两大因素诱发的，一是社会需求发展变化，二是技术持续进步，主要是新媒体所带来的媒介生态环境变化。

---

[1]　刘宏/文，"怎么看江苏卫视与湖南卫视的竞争"，《中国广播电视学刊》，2012（5）。

1. 社会需求变化的促动

人人都要接受教育，只不过是在人生不同的阶段中，接受教育的方式不同，内容需求不同，获得教育资源的时空不同。教育可简单分为学历教育和非学历教育两大类，对于前者当然是指学校教育，后者指家庭教育和社会教育。对公众而言，电视媒体传播是一种可便利获得的教育和文化资源。

我国利用电视手段开展教育传播的初衷主要是解决基础教育资源不均衡问题，然而，经过改革开放的大约20多年的努力，我国基础教育取得巨大成就，利用电视传播服务于教育的阶段性任务已经完成。从大众传播的角度考量，学校教育的受教育者与管理者，已不再是教育电视媒体的主要服务群体，换言之，学校教育既不是媒体可模仿的教育方式，也不是媒体的主要服务范围，而学校管理者、教师和学生则是在回归到社会中，当以社会成员的身份出现时，才成为其服务对象；非学历教育群体才是教育电视媒体服务的主要群体，即属于家庭教育和社会教育，因为学校教育、家庭教育和社会教育共同构成了国民教育①体系。尤其是电视媒体作为"家庭中的一员"，更为家庭教育提供了便利条件，有学者研究认为，"中国太多的孩子由于父母的低素质（主要的还不在于文化水平，在于其基本的德行素养）而误入歧途，耽搁了花样年华，重复着其父母的经历，成为社会的包袱累赘。"② 可见，教育电视媒体在家庭教育领域应当有更大作为。

从教育角度分析教育电视媒体发展方向，显然其为非学历教育服务，提升国民基本素养是其根本任务。中国经济社会发展水平地域差异巨大，电视观众综合素质提升和基本需求角度为各地教育电视媒体转型和确立教育特色留下了巨大的空间，同时，也为各自发展模式不完全一致提供了社会基础。为此，分析所在区域的教育需求成为其创新发展模式的重要环节。

以山东教育电视台为例。2006年以前，该台以服务于九年义务教育为频道

---

① 参见陈正良/著，《中国软实力发展战略研究》，人民出版社，2008年版，第265页。
② 陈正良/著，《中国软实力发展战略研究》，人民出版社，2008年版，第276页。

定位和特色，开发出多种多样的教育电视节目样式，为缩小东西部教育资源差异发挥了不可替代的作用。在"普九"完成之后，该台确立新的定位，改变服务对象与方式成为必然。再以上述湖北广播电视台垄上频道为例，尽管不是教育频道，但其实际上发挥了解读农业信息、传播农业知识，提升农民技能的教育功能（典型的家庭教育），赢得当地广泛的好评和巨大影响力，也为教育电视媒体提供了发展借鉴和思路。当然，对任何一家教育电视频道而言，教育节目必须是占到全频道节目的绝大部分比重，这是一项十分重要而具体的指标，而不是以所谓的"教育新闻"、"教育信息"加以点缀即可，否则，教育电视媒体的"教育性"就不能体现。正如知名学者钟启泉所说，"在很大程度上，教育无新闻"①。这句简单的话表明，若以通常的新闻价值要素来衡量当下的"教育新闻"，的确没有多少传播价值，意味着某些教育电视媒体所谓的"教育宣传"定位也没有多少理论基础和政策依据。

2. 社会制度条件对转型的促进和制约

怎样才能确保教育电视媒体按照上述路径发展呢？法理层面认知与法规的确立是其重要条件和保障。

从组织属性的确立上来看，按照曹建光的梳理和研究，西方公共服务的理论基础在于"社会契约论"，而我国公共服务的法学基础则有多个，其中应松年等法学专家提出的"为人民服务论"是影响较为广泛的理论之一。分析政府与人民之间的服务关系，此理论认为，"人民委托行政机关管理国家行政事务，目的就是要行政机关为自己服务。国家行政机关与人民之间的关系，是一种提供服务和接受服务的关系，这一关系是我国行政法制建设的客观基础。"② 显而易见的是，由政府出资举办的各类公共事业单位也必须是为人民利益服务的社会组织。作为国家设立的事业单位，教育电视媒体为传统意义上的公共服务部门。尽管随着我国公共服务的深入变革和发展，服务组织多元化是一个普遍趋

---

① 隗鹏/文，"在历史中发掘'新闻基因'"，《青年记者》，2012（6），下半月。
② 曹建光/著，《公共服务的制度基础》，社会科学文献出版社，2010年版，第15页。

势，但是，在信息传播服务领域，传统媒体仍然居于主流地位，同时，也受到来自新媒体的巨大挑战。

2006 年，国家财政部制定了《政府收支分类改革方案》（财预［2006］13号）按功能将政府支出分为 17 类，其中第 5 类为"教育"（包括广播电视远程教育），第 7 类为"文化体育与传媒"，也就是说，教育电视媒体无论是归入前一类还是归入后一类均为政府公共服务支出项目。这在一定程度上反映出政府和社会对此问题的认知程度。但是，这并意味着公共服务支出项目全部是由政府"埋单"，事实上，在世界各国，公共服务的"供给"和"生产"是可以分离的。政府可以通过举办"事业"承担公共服务，也可以依据法律法规向私营机构购买。

2010 年的《政府工作报告》指出，"要按照政事分开、事企分开和管办分离的要求，在科学分类的基础上，积极稳妥推进事业单位改革"。报告提出的改革目标为："到 2020 年，建立起功能明确、治理完善、运行高效、监管有力的管理体制和运行机制，构建政府主导、社会力量广泛参与的公益服务新格局，形成基本服务优先、供给水平适度、布局结构合理、服务公平公正的中国特色公益服务体系。"[1] 这些论述，对处于转型期的教育电视媒体而言，都成为法理的依据，无疑为教育电视媒体向着社会公益方向发展奠定了基础。

中共十六届六中全会审议通过的《中共中央关于构建社会主义和谐社会若干重大问题的决定》，提出："加快发展文化事业和文化产业，满足人民群众文化需求……加强公益性文化设施建设，鼓励社会力量援助和兴办公益性文化事业，加快建立覆盖全社会的公共文化服务体系。"在有关公共服务法律法规建设方面，曹建光也提出，"完善公共服务组织法律制度对促进公共服务组织多元化、公共服务法治化的发展具有重要意义"，并进一步指出，"尤为迫切的是完善非营利组织的法律制度，规范事业单位改革，促使其回归公共服务本色，努力构建公务法人制度"。[2] 实际上，所谓"公务法人"是大陆法系用语，在我

---

① 参见曹建光/著，《公共服务的制度基础》，社会科学文献出版社，2010 年版，第 201 页。
② 曹建光/著，《公共服务的制度基础》，社会科学文献出版社，2010 年版，第 194 页。

国，大量存在的事业法人单位类似于该法系中的"公务法人"。近年来，我国正在逐步推进和完善事业法人管理制度。其目的就是：（1）依法保证事业单位公益服务的稳定，以使其提供的公益服务具有可持续性；（2）依法保证事业单位运营的独立性，事业单位基本上都有上级主管机关，时常因为上级的盲目干预，其公益服务出现问题；（3）便于事业单位责权利一体化管理，利于社会对其公益服务进行监督和评估。知名栏目《职来职往》制片人颜小可认为，"带着服务学生的目的走进校园，符合《职来职往》栏目自身的定位，当然也符合节目拉动青年收视群体的客观规律，同时更是体现了中国教育电视台积极带领中国电视行业向电视服务功能本质回归的态度。"① 这一案例表明，符合社会公共利益期望和要求的服务肯定能受到公众的欢迎，同时，也给自身发展提供了动力和再生产的资源。

二、全媒体教育资源平台分析

无论是创新型社会建设，还是公共文化需求都跟社会提供教育资源的能力与方式密切相关。公益性资源越多，越有利于公众以较低的成本和便利的方式获得，对提升全民文化教育素养至关重要。作为提供公共文化服务的机构，知识和教育信息等资源服务应当成为教育电视媒体重要的传播内容。正如高福安等研究者所认为的那样，"公共文化服务机构要想发挥其应有的功能，需要构建以用户需求为核心的公共文化服务体系"，包括："生产和整合优质信息内容"，"用产品理念打造信息内容"，"以用户的需求组织、策划和生产信息内容"。② 新媒体时代或者全媒体时代的到来，更加为教育电视媒体提供了机遇，尤其是移动终端的智能化和无线网络的覆盖率提升，人们有机会随时随地获得教育资源，推动教育电视由单一媒体转向全媒体资源平台服务机构，预示着新发展空间的巨大可能性，但必须做到，"了解公众信息需求、明确自身定位、与公众建

---

① 颜小可/文，"一档电视节目为什么要走进校园"，《中国教育电视报》，16 版。
② 参见高福安等/文，"网络与通信技术对公共文化服务的影响"，《现代传播》，2012（6）。

立良好互动，将提供的内容和服务让公众知晓"①，只有这样，才能更好地体现教育电视媒体公益性本质。

1. 全媒体资源理念

教育电视媒体怎样才能转型为教育资源平台呢？本研究认为，剖析和确立资源服务内涵以及提高资源服务意识是关键的两点。

确立资源服务内涵。许多有识之士认为，当下的媒体业是资讯发达，知识贫乏，以娱乐的形式，行愚民之实。尽管有些言过其实，以偏概全，但是，却足以引起业者和学者们的深度思考。公众不需要知识吗？答案显然是否定的。事实上，恰恰是因为媒体自身不当的作为，在获取知识方面让公众远离了某些媒体渠道而已。按照学者王哲平的分析，教育电视媒体的功能为"传播科学知识、传承优秀文化、传递教育信息、传扬先进教育理念"②。他还说，"我国的基本国情和奋斗目标决定了教育电视必须充分发挥和利用自己的特色和优势，服务于'科教兴国'、'人才强国'的基本国策，为贯彻落实《面向 21 世纪教育振兴行动计划》创造条件，使之成为人们认知未知世界、探求客观真理的重要窗口，成为开发和提升人力资源的学习平台。"③ 尽管这段描述并不能涵盖"教育资源平台"的全部意义，而且用于学习的资源也只是其中重要的组成部分，但是，毕竟这对探究教育电视媒体发展方向很有助益。教育电视媒体注重提高全民文化素质，意味着也在为社会提供更高层次的文化消费者，就是培养文化产业的服务对象。同时，更能修正某些过度市场化的文化产品倾向，并打破可能的垄断，与其协调发展，共同承担起丰富文化资源、传播核心价值理念，共建中华民族精神家园的任务。

提高资源服务意识。在现阶段，如若教育电视媒体直接转化为完全的公共服务模式并不现实，毕竟，这些机构都有着事业单位的背景和管理模式，其惯性难以一时扭转，制度也不健全，教育电视媒体管理理念和模式存在很多差异，

---

① 参见高福安等/文，"网络与通信技术对公共文化服务的影响"，《现代传播》，2012（6）。

② 王哲平/著，《中国教育电视：历史、现状与发展》，中国社会科学出版社，2006 年版，第 33 页。

③ 王哲平/著，《中国教育电视：历史、现状与发展》，中国社会科学出版社，2006 年版，第 29 页。

譬如，我们在调查中发现，有些单位财政性质为"自收自支"，以创收支撑自身发展，如何实现公共服务？正如王哲平所担心的，"如果用公共服务的办法来推动市场服务，产业肯定无法大发展。相反，如果用市场服务的方式来推动公共服务，则很可能犯政治上的错误。"① 因此，这种转型必然具有阶段性特征，可以先由政府采取购买服务的方式加以过渡，即政府以资源提供和有限的管理作为交换条件向教育电视媒体购买社会所需要的内容与服务，并委托第三方对其提供的内容和服务进行评估，以达到公平和效率两方面的要求。

教育电视媒体成为全媒体资源平台，在提供直接教育资源服务的过程中，还会带来诸多正能量，成为建设和谐社会的积极因素。王哲平认为，"教育电视对伦理规范和社会责任的自觉遵循与承担，是其节目生产与传播获得积极、正面效应的有力保障。"② 全国政协委员，央视资深主持人陈铎也认为，"应该把弘扬传统文化与实现更广泛的公共教育服务紧密结合，并提升到一个更大更高的平台，就是建立非商业性的国家公共文化教育电视台。"③ 正如王哲平所期望的，教育电视媒体"唯其洁身自好，矢志靡它，才能成为观众心灵的一片绿洲，成为传媒领域的一方净土，成为社会文明进步的一股动力"④，纳入公共文化服务体系的教育电视媒体，在服务于全社会过程中，其终极意义必然是"人的幸福感、成就感增强，人类文明的提升和经济社会的进步，具有很强的正外部效应"⑤。学者们显然比从业者更急于看到公益性公共服务体系的建设成果。

2. 全媒体终端理念

新媒体群落的产生与发展离不开三个互相关联的领域：技术、内容与传播方式。这三个领域都对传统广播电视，尤其是下一代广播电视（NGB）建设产

---

① 王哲平/著，《中国教育电视：历史、现状与发展》，中国社会科学出版社，2006 年版，第 75 页。
② 王哲平/著，《中国教育电视：历史、现状与发展》，中国社会科学出版社，2006 年版，第 33 页。
③ 曹爱军、杨平/著，《公共文化服务的理论与实践》，科学出版社，2011 年版，第 26 页。
④ 王哲平/著，《中国教育电视：历史、现状与发展》，中国社会科学出版社，2006 年版，第 33 页。
⑤ 曹爱军、杨平/著，《公共文化服务的理论与实践》，科学出版社，2011 年版，第 26 页。

生强大的推动力。显然，全媒体意义上的广播电视媒体不是简单的技术升级，而是新广播电视媒体群落的重新架构。从某种意义上，是对自身的一次革命，而融合是这场革命中的主旋律。融合过程中，传统媒体的内容优势和渠道优势受到削弱，传播优势向着终端倾斜成为现实和趋势，谁占领了终端，谁就掌握了发展的主动权。主要表现在如下三方面：

技术进步层面的集合。

数字化对传统广播电视所带来的变化主要包括两个方面：一是制作，二是传输。就制作过程而言，从前期的采访、录制到后期的编辑和包装已经全面数字化，模拟技术被彻底淘汰。其所带来的主要变化包括音、视频质量的大幅提升、新的存储方式以及不同存储介质之间更为便利的信息交换，对媒介使用者而言，也许对此变化感受并不是很强烈，但是变化却是实实在在每天都在发生。传输过程的数字化，不仅带来了传输通路上频道的大幅增加，广播电视、电信、互联网的融合状态，更是为媒介使用者提供了播放终端多元化的选择。譬如，以智能手机和 iPad 平板电脑为代表的移动视频终端俘获了众多电视观众的心，尤其是 70 后、80 后和 90 后们，在家庭空间中，许多已经以收看网络视频为主了。移动网络技术不但使内容信息处理和传输发生巨大变化，更重要的是改变了媒介使用者的媒介接触方式乃至生活、工作方式。分析近五年来的中国文化产业发展报告提供的数据，中国电视观众中 90% 为高中和中专以下文化程度，70% 是为初中以下文化程度，再者，15 岁至 24 岁年龄段的观众群体越来越小，他们被互联网，被其他的媒体所吸引，传统的电视观众在不断流失，甚至存在断代的危险。CNNIC 每年两次的调查更表明，全国网民总数不仅每次都在增长，而且呈低龄化态势。

新媒体技术所带来的媒体群落的变化就是"人以媒分"，主要变化特征便是碎片化。这可以从三个角度分析，空间的，时间的和内容的。

空间方面，无论在家庭、工作和其他场所，人们使用电视媒介的时间越来越短，关注单个节目的时间越来越短。媒介接触空间与模式发生了巨大的变化：（1）媒介的移动性模糊了传统媒介接触空间界限；（2）媒介共享转向了媒介独享，这是两个非常重要的趋势，且不以人们的意志为转移。

时间方面，近年来的调查显示，我国电视观众平均收视时间已经低于180分钟，这一数据在前几年还在200分钟左右。观众搜索频道的时间在缩短，人所共知的一个数字就是遥控器停留在每个电视频道的时间只有7秒钟，无论是VOD还是传统频道搜索，若在7秒之中吸引不到注意力，意味着观众就流失掉了。

全媒体传播，在内容方面呈现出四个新特征，就是"短、小、精、罕"。短，收视率最高的节目是什么？天气预报！时间只有几分钟，但是非常实用，当然还有信息密度很大的新闻；小，节目向"微"方向发展，微视频、微电影、微博、微信等，这是基于移动终端的变化而变化的；精，节目的内容必须是短而精，精致、精细，这样才能在较短的时间内吸引目标受众；罕，就是稀少，稀有，独家内容当然占据先天传播优势。

全媒体传播的融合。

在可比较条件下，媒体之间的竞争取决于内容的竞争，归根结底是资源的竞争，最重要的当然是创意资源的竞争。事实上，从前些年电视栏目样式的模仿与跟风，已渐渐演变为创意资源的开发与竞争，以省级卫视为例，节目样式的同质竞争，也已转变为收视份额与品牌的竞争，市场红海的颜色已渐退去，蓝海开始出现。然而，新媒体时代毕竟已经到来，教育电视媒体似乎并没有做好准备，甚至可以说并不想有什么作为。譬如，多数媒体的门户网站仅仅算是电子版的节目表和节目介绍的海报，并没有作为电视媒体的融合对象来加以谋划和经营。尤其是在内容设计、传播策略方面没有做到与广电媒体、网络媒体和移动终端形成有机互补、互动和互利。分析这种现象的原因主要是对整合传播理解不透，认知不足。

整合传播的核心是具有可以整合传播的内容，其关键是传播内容创意，而创意源头是了解媒介使用者的需求，并把这种需求加以分析和引导，复杂多元的需求可以通过传统媒体与新媒体的融合传播来满足。电视媒体在与新媒体融合时，要充分发挥内容与传播创意的核心竞争力，而不是简单地增加一个内容展示渠道。譬如，在电视媒体中不太受欢迎的内容，在新媒体平台中的表现恐怕也不会太乐观。近年来，受到网络媒体追捧的内容反送到电视媒体的情况并不少见，这更加为电视媒体敲响了警钟。

以山东教育电视台《名家论坛》栏目为例，经过精心的策划、开发、组合、包装等"工序"，生产出电视版、图书版、光盘版、网络和报纸连载版、栏目博客、微博等既有相同核心文本又各不相同的传播形态，满足了各层面媒介使用者多元化的信息、知识需求，从而达到"名家"品牌的整合传播效果，社会效益和市场效益两者兼得。以此角度分析，公益电视媒体与其他媒体竞争，不应当是收视率的正面竞争，而是实施长尾战略①的资源开发与服务竞争，譬如，开发相关教育、科学、文化、艺术等视频内容，把精彩的易于理解的部分用于电视播出，而把难度较大，适于多次观看的，带有互动功能的用于网络点播、DVD 视盘重复观看，而配套的图书易于公众理解和升华等，前提是，必须打破全国范围内行政区域的传播市场区隔，以实现公共效益的最优化和资源补偿的最大化。

像这样，此媒体形式成为他媒体内容的传播现象即为不同媒体之间的互文性（Intextuality），是媒体内容创意重要的方式和手段之一。这种方式既可以高效率地利用和开发内容资源，同时，更可以有效地保护知识产权，其模式也较难进行复制或模仿。

传播方式层面的交合。

传播技术进步导致传播时空的变化是媒介使用碎片化的重要原因。这种传播模式的深度变化表现为：一方面传统的媒介接触时空分化，另一方面新的媒介接触时空由新媒体群落来充填。新媒体群落整合传播是系统工程，可以从四个方面来考量，即选题背景，上线时机，包装手法和推介活动。

选题背景：整合传播内容必须要先有一个核（Core）或者故事（Story）。这是传播的出发点，既可能来自于对潜在社会需求的发现，也可能来自于某政

---

① 来自于长尾理论（The Long Tail Theory），这是网络时代兴起的一种新理论，由美国人克里斯·安德森提出。长尾理论认为：由于成本和效率的因素，当商品储存流通展示的场地和渠道足够宽广，商品生产成本急剧下降以至于个人都可以进行生产，并且商品的销售成本急剧降低时，几乎任何以前看似需求极低的产品，只要有卖，就会有人买。这些需求和销量不高的产品所占据的共同市场份额，可以和主流产品的市场份额相比，甚至更大。

府层面的要求。这样的核在生活中可能会有很多，创意人员要有相当好的洞察力、鉴别力和敏感性，也才能看到并及时抓住，经过酝酿孵化，成为故事。不仅如此，在内容创意阶段，还必须与具体媒体形态密切关联，而不是简单地在传统的电视播出后再进入其他媒体渠道传播。

上线时机：选择恰当的时机上线进行传播是至关重要的环节。某些媒体跟风固然也能取得较好的传播效益，而且可能规避某些风险，但是，人们总是喜欢和记住那些敢为人先的媒体，因为，创新才是媒体的灵魂。譬如，2006 年下半年开始，一股取消中医的鼓噪声甚嚣尘上，2007 年上半年，当争议尘埃未定之时，山东教育电视台《名家论坛》栏目，本着维护传统民族文化传播的责任，逆势大胆推出《黄帝内经—养生智慧》系列节目，主讲人曲黎敏深入浅出的讲解，娓娓动听的述说，不但让老百姓了解到中医文化的深厚哲理，而且解开了许多生活养生的谜团，为维护和传播中医文化起到了巨大作用。一时间，曲黎敏网络视频大量转载，百度贴吧风生水起，曲黎敏迅速蹿红，成为于丹、易中天式的电视"学术超女"。《名家论坛》栏目因此也名声大振，品牌价值得以提升。

包装手法：包装是一个不甚确切的概念。我们的理解是，除了"核"以外，其他传播元素都可以看做是包装，包括叙事方式（Narration）也可认为是包装的一部分。针对不同的媒体，尤其是网络新媒体发展出繁多的呈现方式，其中，互动是其最大的特征。可以说，正是由于互动才使得网络媒体更有意义和价值，让媒介消费者（Media Consumer）摇身一变成为媒介使用者（Media User），由传播客体成为传播主体与客体的同一体（Prosumer）。因此，包装应以内容为由头，提供给媒介使用者表达的时空。因为，表达是新媒体时代最重要的传播功能之一，也是新媒体发展的重要方向之一。

推介活动：媒体主办的各种活动也可认为是包装的有机组成部分，而且其价值越来越高。这是因为，活动本身既是媒体收看的内容，同时也是媒体平台，是媒介使用者参与传播活动的场合。推介活动成为让新媒体与传统媒体有机对接互补的资源平台，可以在最大程度上扩大与媒介使用者的接触面，从而提升参与度，让媒介使用者有机会全身心体验媒体，形成深度感受、满足和口碑效应，这也是所谓体验经济（Experience Economy）的内涵所在。

　　加拿大知名传播学者麦克卢汉说过，"媒介即信息"（Media is message.），这句话表明，传播内容与方式其实是很难区分的，其交合的情景在新媒体环境中表现愈加明显，并清晰地显露出如下两种趋势：（1）独享性，无论是移动终端，还是固定终端，都在向独享方向发展；（2）互文性，内容与平台的交合，使得媒体从二次销售上升到 N 次销售，从而达到 N 次增值的目的。

结　语

　　任何公共服务若想持续，必须具备完善的常态化的资源补偿机制。我们的调查显示，当下教育电视媒体资源补偿模式中，尤其是经费来源方面，绝大部分为广告和其他市场经营行为，政府的资源投入主要是频道本身和少量事业经费。假若按照《广播电视管理条例》之规定，教育电视台"应当按照国家有关规定播放各类教育教学节目，不得播放与教学内容无关的电影、电视片"。可以想象的是，由于特定观众的收视需求与电视媒体的大众传播不相匹配，那么，既造成频道节目资源的浪费，又使教育电视媒体难以从市场获得资源补偿，无法实现扩大再生产。事实上，由于社会需求的大幅萎缩，这种资源浪费早就不同程度地存在了。在教育电视媒体难以获得政府大幅度提高事业费的背景下，只有通过开发高品质的符合市场需求的产品和服务，才可能获得一定的资源补偿，以便更好地、可持续地提供公益服务，毕竟，公益服务是需要成本的。电视媒体传播越来越趋于重装备和高消耗，尤其是近年来媒体的数字化和高清化升级，没有强大的资金支持，也是不可能完成的。为此，教育电视媒体若要完全靠自身实现向公益媒体平台转型还需要假以时日。

附录一
山东教育电视台公益栏目《幸福速递》

　　2011 年下半年，山东教育电视台推出了一档周播公益服务类栏目，旨在帮助老百姓实现微心愿、解决小困难，在媒体能力范围内帮助有需求的人，节目主持人作为"幸福速递员"身份参与其中。栏目共播出一百多期。《幸福速递》栏目组成员齐心合力，克服种种困难，帮助一位又一位观众朋友完成了梦想。

　　《幸福速递》的第 1 期节目，帮助一位七十多岁老爷爷实现了小小心愿。老人退休前是一名铁道工人，因为工作原因，夫妻两地分居生活近 20 年。为了给老伴儿一个惊喜，已经步入金婚之年的爷爷，希望在我们栏目组的帮助下，找到他们当年谈恋爱时的公园，并在那里向老伴表达自己的感谢之情。当我们帮老人找到了 50 年前他们曾经去过的公园时，老爷爷不禁老泪纵横，那里见证了两位古稀老人的青春与爱情！之后，经过一番精心准备，我们的编导又将爷爷的老伴儿"骗"到了公园，两人上演了一幕精心谋划的"邂逅"：爷爷手捧火红玫瑰单膝跪地，向完全不知情的老伴儿表达他的感谢之意！感谢她结婚 50 多年来为了这个"家"的无私付出！那一刻，赢得了现场

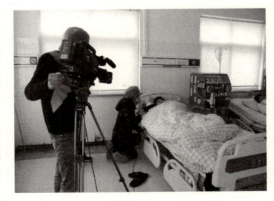

所有工作人员和群众的热烈掌声！

　　栏目开播就是满堂彩！打进栏目组热线的观众也越来越多，充分体现了媒体平台的巨大作用和公益活动影响力。栏目组曾帮助一名心怀曲艺梦想的车间工人张俊杰认拜名师，最终登上了济南最专业的曲艺舞台——芙蓉馆说相声；帮助一名长相酷似刘德华且热爱唱歌的建筑工人体验了一把"明星"的感觉；帮助一群从未走出过山沟的山里娃，来到济南市区赏泉水、逛公园、参观博物馆，实现了他们到城市看一看的梦想；在雷锋车队的协助下，组织陪伴济南某社区的十几名孤寡空巢老人坐观光船游览济南的护城河、帮助为济南博爱聋儿康复中心的孩子们找到了某高校的义工组织，让这些健康的大哥哥大姐姐定期去和这些"耳朵生了病"的孩子交流互动；帮助一名公交车司机在电影院上演浪漫的求婚仪式……

　　作为幸福速递员，主持人赵译梵在日记中写道："一想起我们做过的这些节目，那一张张可爱的笑脸就会争先恐后浮现在脑海中，每次我都扮演着不同的角色，或者朋友，或者姐姐，或者女儿，和社会上的热心人士一起，仅仅是贡献了我们的绵薄之力，就让他们感受到了那么多的幸福！这让我们的工作变得那么的有意义，再多的奔波之苦也化作甘露甜在心间。"

　　帮助观众圆梦是其中一部分，《幸福速递》栏目更多的是帮助老百姓解决实际困难。

　　为了挽救19岁尿毒症患者秦忠福的生命，栏目以三期节目特别编排播出了《拯救尿毒症少年》，第一期，济南第三人民医院。当时已经在做透析的秦忠福非常虚弱，他用极微小的声音告诉主持人：他想活！他想上学！由于该院医疗条件有限，栏目组帮他联系到了一家三甲医院——

山东大学齐鲁医院，为他找到了治疗尿毒症的权威医生，办理了转院。第二期，

栏目组了解到，由于秦忠福家庭比较贫困，无力支付在医院继续治疗的费用，所有成员想尽办法，最终通过募集捐款、跟医院领导沟通协商减免部分费用等方式得以继续化疗等待救治。之后，栏目组主动跟主治医生商议，最终把希望寄托在了秦忠福母亲的身上，通过母亲和儿子换肾来延续他年轻的生命。结果天遂人愿，母子配型成功！这对母子具备换肾的重要条件！第三期，栏目跟进。陪伴一家人完成术前的所有准备，直到手术成功！

主持人赵译梵说："当时除了真心为这对母子感到高兴之外，最大的感触就是：我们节目真牛！我们栏目的口号是：幸福速递，传递幸福，实际上，在帮助他人之后，我们自己所收获到的幸福足以温暖每个人的一生！原来真正的幸福是给予，而不是索取！我们每个人奉献自己的一点点爱，必将汇成爱的海洋滋润更多干涸受伤的心灵！"

（资料、图片提供，赵译梵）

附录二
山东教育电视台"温暖"系列
公益活动

伴随着我国城市化进程，越来越多远离家乡的农民，到异地工作。由于经济和政策条件限制，他们的孩子难以跟随父母在工作地就学，这就形成了全国约有 5800 万留守儿童。他们的健康成长需要更多地关爱，需要社会给予更多的温暖。关注留守儿童就是关注中国未来。由山东教育电视台，联合人人网、56 网、南都周刊等国内多家新闻媒体联合发起的，旨在帮助全国贫困山区儿童的大型跨年度"温暖"系列公益活动，于 2012 年 5 月 23 日在全国正式启动。

第一站　山东临沂沂南站捐赠仪式活动情况

5 月 23 日，活动走进了山东沂南县铜井镇杜山联小学，为这里的留守儿童送去了关爱。本次活动受到了当地各级领导的重视，沂南县政府副县长张生花同志、沂南县教体局局长马士轩同志、铜井镇党委书记陈金沂同志出席了本次活动。本次活动还得到了天津泰丰小鸟电动车业有限公司的大力支持，捐赠了学校所需的教学、体育设施等基础物资，价值达 15 万多元，给这里的师生送去了实实在在的温暖。

电视剧《新水浒传》中浪里白条张顺的扮演者魏炳桦先生作为"温暖 2012"的圆梦大使，和沂南县政府副县长张生花，共同向爱心企业代表杨海中先生赠送锦旗和颁发爱心企业证书。魏炳桦先生还和这里的孩子们进行了深度交流，来到他们的教室、走进了孩子们的家中，一一倾听并满足他们的心愿。

"温暖2012"节目组表示，除了给孩子们送上物质上的帮助，更希望能通过这次系列活动，让他们感受到社会各界给予他们的点点温暖。节目组告别了沂南铜井镇杜山村的孩子们，但爱心旅程才刚刚开始，温暖也将在这里延续下去。

第二站　定陶站捐赠仪式活动情况

5月24日，"温暖2012"栏目组走进山东菏泽市定陶县留守儿童学校，开始了第二站公益慈善活动，为孩子们送去温暖。此次活动也受到了当地有关领导的重视，菏泽市委宣传部副部长、定陶县委常委、副县长田纪雷同志，定陶县人民政府教育督导室副主任张杰同志，定陶县滨河街道办事处副主任付道宽同志出席活动。此外，去年已经对学校进行慷慨捐赠的天津泰丰小鸟电动车业有限公司，今年继续奉献爱心，捐赠学校所需的教学、体育设施等基础物资，给这里的师生送去了关怀和温暖。

电视剧《新水浒传》武松的扮演者陈龙先生作为"温暖2012"的圆梦大使向爱心企业代表杨海中先生以及陈伟先生赠送锦旗和颁发爱心企业证书。活动当日，陈龙先生还在舞台上教孩子们打醉拳，看孩子们表演武术。当陈龙先生走下舞台来到学校的许愿墙前，他拿起画笔绘制了一幅简单的温馨校园图，并为图取了个美丽的名字——"温暖2012"。一幅简单的画表达了"温暖2012"栏目组对于此次活动的期盼，对于孩子们的关爱。

第三站　虞城站捐赠仪式活动情况

　　5 月 28 日,"温暖 2012"栏目组走进了河南商丘虞城县利民中学,为这里的留守儿童送去了关爱。当地领导非常重视,虞城县县委常委、宣传部部长卢照堂及河南小鸟车业有限公司总经理张乾、河南小鸟车业有限公司副总经理时胜华、天津泰丰小鸟电动车业有限公司营销部总经理杨海中、天津泰丰小鸟电动车业有限公司河南大区经理陈伟、济南五舜广告传

媒有限公司副总经理于萍、《京九晚报》采访中心主任郭跃旗、虞城县宣传部副部长、商丘日报社驻虞城记者站站长刘建谠、虞城县教育局局长张洪涛、虞城县利民镇人民政府镇长荣敢、虞城县教育局纪检书记徐行贵、虞城县教育局副局长宋广钦、利民中心学校校长黄献果出席了本次活动。此外,活动还得到了天津泰丰小鸟电动车业有限公司的大力支持,捐赠了学校所需的教学、生活等物资,给这里的师生送去了关怀和温暖。

　　电视剧《新水浒传》中浪里白条张顺的扮演者魏炳桦先生作为"温暖 2012"的圆梦大使,与利民中心学校校长黄献果一起向河南小鸟车业有限公司副总经理时胜华赠送了锦旗,虞城县县委常委、宣传部部长卢照堂、虞城县教育局局长张

洪涛向泰丰小鸟电动车业有限公司营销部总经理杨海中先生颁发了证书。

魏炳桦先生为了给孩子们更多的帮助，还将自己珍爱的收藏品进行了义卖，筹集资金为孩子们购买了书籍，还将40件印有浪里白条张顺卡通形象的文化衫赠送给了孩子们。魏炳桦还和这里的孩子们进行了互动，向孩子们学习了豫剧，与孩子们互相学习方言，还与学校的乒乓球小能手打了友谊赛，让孩子们感受到了明星的关爱。"温暖2012"节目组表示，除了给孩子们送上物质上的帮助，更希望能通过系列活动，让孩子们感受到社会各界给予他们的温暖。

第四站　济南站捐赠仪式活动情况

"温暖2012"，于6月1日走进济南市黄台小学，与孩子们共庆"六一"节。活动受到了当地各级领导的重视，山东教育电视台纪委书记刘中枢、山东教育电视台大型活动中心主任侯刚、济南市天桥区人大教科文卫处长高广华、济南市京剧院院长李德同、济南市天桥区妇联主席王警宇、济南市天桥区科协主席

包艳、济南市天桥区团委书记姜辉祥、济南市天桥区教育局正处级督学张吉忠、济南市天桥区北园办事处副主任李延庆、黄台居委会主任魏波、狮子张居委会主任刘庆斗出席了本次活动。此外，本次活动还得到了天津泰丰小鸟电动车业有限公司的大力支持，捐赠了学校所需的教学、体育设施等物资，总价值约15万元，给这里的师生送去了关怀和温暖。同时作为"六一"特别活动，济南市天桥区团委书记姜辉祥也给孩子们带来节日的礼品。

活动中，济南市天桥区人大教科文卫处长高广华向爱心企业天津泰丰小鸟电动车业有限公司山东大区经理于猛颁发荣誉证书，济南市天桥区妇联主席王警宇和济南黄台小学牛春华校长向爱心企业小鸟电动车济南总代理杜善学赠送锦旗。

电视剧《还珠格格》第三部小燕子的扮演者黄奕作为"温暖2012"的圆梦大使从山东教育电视台纪委书记刘中枢手中接过"温暖2012公益大使"证书，济南市天桥区教育局正处级督学张吉忠给黄奕颁发爱心大使奖杯。由黄奕发起的奕动基金，还为黄台小学的孩子们带来3万多元的体育器材。

　　黄奕还和这里的孩子们进行了深度交流。她来到教室，与孩子们一起上环保课，一起打篮球切磋球技。孩子们也为黄奕献上了一出精彩的文艺表演。在欢歌笑语中，孩子们度了一个既有意义又终生难忘的"六一"儿童节。节目组告别了济南市黄台小学的孩子们，活动进入尾声，但那份关爱将继续传递。

　　"温暖2012"活动联合56网、优酷、土豆、酷6网视频网络媒体和新浪、腾讯、搜狐、网易四大门户网站，并会同新华网、凤凰网、人民网天津视窗、东方网、新民网、21cn、北方网、南方网、读我网、华龙网、梦想网、广州百旺、长三角城市网、重庆上半城多家网站媒体，利用BBS论坛、天涯论坛济南站、百度贴吧、舜网论坛以及山东教育电视台微博、本活动新浪微博，黄奕、魏炳桦、陈龙等明星微博互动，结合《山东商报》、《山东广播电视报》、《生活日报》、《扬子晚报》、《中国日报》等平面媒体进行了广泛的宣传报道，取得了良好的社会反响。

　　2013年4月18日，由共青团山东省委、山东省少工委、山东教育电视台以及天津泰丰小鸟电动车业有限公司联合举办的"与'心愿直通车'偕行——温暖2013少年儿童关爱行动"启动仪式在山东大厦举行。共青团山东省委副书记、省少工委主任陈必昌，山东教育电视台副台长李雪湘，小鸟电动车总经理助理张艳军等出席仪式。

　　启动仪式上，陈必昌介绍了"心愿直通车"少年儿童关爱行动发起意义及开展情况，并呼吁社会各界积极参与"心愿直通车"活动，奉献爱心真情，为孩子们圆梦。著名青年笑星高晓攀与农村留守儿童代

表亲切交流、温馨互动。仪式结束后，高晓攀将作为"爱心大使"陪伴孩子们游览泉城广场、动物园等景点，满足孩子们的心愿。

"与'心愿直通车'偕行——温暖2013少年儿童关爱行动"共分：启动仪式、活动季——线下关爱行动、影像季——线上播出专题等三个阶段。活动期间，将招募爱心企业、大学生志愿者，组成梦想助力团队，为孩子们带去歌舞、游戏、讲课等具体关爱行动。山东省少工委、山东教育电视台将围绕此次活动，推出系列公益"微专题"进行展播，并发起"温暖2013"之关注留守儿童征文活动。

（"温暖2013"活动图片提供：大众网 赵洪栋，其余资料、图片均由活动组织方提供）

附录三

山东教育电视台
禁毒公益活动

　　每年 6 月是我国政府设立的禁毒宣传月。山东教育电视台围绕禁毒宣传展开了一系列活动。2012 年 6 月 24 日，山东教育电视台禁毒志愿者大队在济南泉城公园禁毒文化苑隆重成立。6 月 26 日为国际禁毒日。山东教育电视台于 6 月 26 日至 27 日《视说新语》栏目制作播出了禁毒题材电视专题片《冰刀落网记》和《致命诱惑》，重点播出了禁毒题材电视剧《国家形象》，各项活动形成了良好的互动，呈现出融合传播的良好效果。

　　6 月 24 日，山东教育电视台禁毒志愿者大队在济南泉城公园禁毒文化苑隆重成立。济南市公安局禁毒支队政委何景明出席成立仪式，并为禁毒志愿者大

队授旗。成立仪式上，禁毒支队的干警同志还向志愿者赠送了培训资料。成立仪式结束后，山东教育电视台的禁毒志愿者们在泉城公园向游客们发放资料，宣传禁毒知识，并组织了"手拉手共筑禁毒长城"签名活动。活动得到了广大游客的积极响应，参加签名的游客达到了400余人。台官方微博进行了网络图文直播，活动图文被广泛转发。

6月29日，中国禁毒志愿者汽车万里行活动来到济南，我台禁毒志愿者大队又与济南禁毒干警、济南公交公司禁毒志愿者、济南老年骑游队禁毒志愿者一起，跟来自全国的禁毒志愿者进行交流并开展宣传活动。

中国禁毒志愿者汽车万里行活动是在国家禁毒办、团中央与相关省市禁毒办、团委的大力支持下，在热心禁毒公益事业的企事业单位和禁毒志愿者的积极参与下形成的禁毒宣传平台。中国禁毒志愿者汽车万里行车队中由来自全国的禁毒宣讲师、新闻工作者、演员以及社会工作者、自由职业者、企事业单位员工等各方面人士组成。

山东教育电视台媒体人通过参与禁毒公益活动，也了解到完善禁毒志愿者体制的意义。只有不断完善志愿服务的动员、培训、激励、保障等各项机制，以机制建设推动志愿服务组织及志愿服务的制度化、专业化、规范化，积极发挥禁毒志愿者大队组织、协调、服务的职能，才能使禁毒志愿行动成为和谐社会建设的重要组成部分，实现禁毒志愿行动社会化。为此，利用所属媒体优势，不断总结经验，宣传禁毒志愿工作，传播禁毒理念，营造舆论氛围，形成社会声势，使禁毒志愿者行动深入人心。

近年来，受国际毒潮泛滥，国内毒品问题突出，禁毒形势不容忽视。近年来公安部门查获的各类吸毒案件显示，吸毒已经呈现出涉毒人员低龄化、吸食新型毒品和"群吸"等主要特点，禁毒工作显得非常紧迫和需要。发展禁毒志愿者组织，深入开展禁毒志愿者行动，不仅是人民群众参与禁毒斗争的重要载体，也是确保禁毒工作取得实效的重要保障。

（资料、图片提供：朱绚梅子）

附录四

山东省人文社科课题成果鉴定意见表

课题名称	公共文化建设背景下教育电视媒体发展研究		
成果名称	公共文化建设背景下教育电视媒体发展研究		
课题承担人	白传之	成果形式	研究报告
课题级别	资助类	学科分类	文化
鉴定组专家名单	姓　名　　职务（称）	研究专长	所在单位
	王志东　副院长、研究员	文化发展	山东省社科院
	亓殿强　所长、研究员	教育科研	山东省教科所
	孙　珊　副总监、主任记者	新闻传播	山东广电齐鲁频道
	李　森　副主任、主任记者	传媒产业	山东广电产业发展中心
	杨永军　编辑部主任、主任编辑	新闻传播	山东广电局博士后科研工作站

鉴定意见

1. **课题创新程度高，实践意义重大。**新时期我国教育电视媒体在激烈的市场竞争条件下，如何保持自身的正确定位，厘清一些模糊的认识，特别是在国家大力倡导公共文化服务建设的背景下，尤其具有重大的社会意义和文化价值观的引领作用。本课题在对全国教育电视媒体调研的基础上，从理论和实践两个层面进行了深入系统地分析研究，提出了我国教育电视媒体的总体发展战略方向，填补了国内相关研究领域的空白，为我国公共文化服务平台建设提供了重要参考依据，具有十分重要的理论指导意义和实践应用价值。

2. **理论观点鲜明敏锐，许多思路富有创建。** 本研究围绕教育电视媒体的本质属性、社会公共服务的基本要求，从理论角度、实现方式和现实路径三个维度对教育资源媒体平台进行了重新建构。特别是首次把公益性作为媒体的主要属性提出，深刻分析了"政治属性"、"经济属性"、"公益属性"三个主要属性以及不同发展阶段呈现不同方式的特点，回答了当代教育电视媒体面临的困惑、彷徨和不知所措，为我国教育电视媒体走出困境提供了可行性的思路，为政府相关部门制定发展策略提供了理论依据，从公益传播角度为大众媒体传播开辟了新的研究领域，无论在理论性、现实性、针对性还是实践性等方面，都有许多精当独到的见解和创新之处，是我国新时期教育电视媒体研究领域的最新探索和突破。

3. **技术路径清晰正确，研究方法规范严谨。** 本课题注重理论与实践相结合，根据公共文化服务体系建设和当代教育电视媒体的特点和要求，提出并论证了我国教育电视媒体正在进入一个转型阶段，且深刻分析了转型阶段的社会发展背景，明确提出了我国当代教育电视媒体要以体现公益性为方向，以传播公益内容为根本，以开展公益行动为支撑，以建设公共教育资源媒体平台为方向的总体发展战略，均是当前我国教育电视媒体建设中所迫切需要弄清和解决的重大现实问题。同时，课题研究框架精当，技术路径科学，研究方法得当，逻辑结构合理，有关资料翔实，充分体现了理论研究的严谨性和规范性。

建议进一步深化对调查问卷的分析，把定性分析与定量分析更好结合起来，加强对发展现状的深刻把握和观点论据的说服力。

综上所述，本课题达到了国内同类研究的领先水平，专家评审组一致同意通过鉴定。建议进一步修改完善后，上报省级有关部门，供领导决策参考使用。

鉴定等级为优秀（A级）。

专家（签字）：

组长：

2013 年 5 月 8 日

山东省人文社会科学课题管理办公室

2013 年制

附录五

《公共文化建设背景下教育电视媒体发展研究》调查问卷

　　为了深入调查研究各教育电视媒体发展理念、运营状况，特向各单位发出本问卷，您的意见对研究非常重要，答案无所谓对错，请填写真实情况。

　　谢谢合作！

山东教育电视台

山东省人文社科课题课题组

一、基本情况

1.1　贵单位财政体制为：

　　A. 全额拨款　　　B. 差额拨款　　　　　C. 自收自支

1.2　2011 年，贵单位财务收入构成比例大约为：

　　A. 财政拨款占＿＿＿＿＿＿％　　　B. 广告收入占＿＿＿＿＿＿％

　　C. 社会资助占＿＿＿＿＿＿％　　　D. 其他收入占＿＿＿＿＿＿％

1.3　2011 年，贵单位员工总数为：

　　A. 200 人以上　　　　　B. 150 - 199 人　　　　　C. 100 - 149 人

　　D. 50 - 99 人　　　　　E. 49 人以下

1.4　2011 年，贵单位全年节目播出内容中，各类节目比例大约为：

　　A. 新闻时政类占＿＿＿＿＿＿％　　B. 社会教育类占＿＿＿＿＿＿％

　　C. 科教人文类占＿＿＿＿＿＿％　　D. 影视娱乐类占＿＿＿＿＿＿％

E. 教育教学类占＿＿＿＿＿＿＿＿%　　F. 其他类占＿＿＿＿＿＿＿＿＿%

二、办台理念

2.1　您认为当下教育电视媒体主要本质属性应该是？

A. 新闻事业　　　　　　　　　B. 公益事业

C. 教育事业　　　　　　　　　D. 文化产业

E. 文化事业　　　　　　　　　按重要程度排序：＿＿＿＿＿＿＿

2.2　您认为公益性能成为教育电视媒体的本质属性吗？

A. 不可能　　　　　　　　　　B. 应该可以

C. 不好说　　　　　　　　　　D. 一定能

2.3　您认为教育电视媒体如何体现公益性？

A. 坚持公益理念　　　　　　　B. 开办公益栏目

C. 开展公益活动　　　　　　　D. 其他公益形式

2.4　您认为教育电视媒体具有产业属性吗？

A. 没有　　　　　　　　　　　B. 应该有

C. 不好说　　　　　　　　　　D. 当然有

2.5　您认为教育电视媒体应当坚持事业属性吗？

A. 不应当　　　　　　　　　　B. 可以

C. 不好说　　　　　　　　　　D. 必须坚持

2.6　您认为当下教育电视媒体与远程教育的关系是？

A. 不属于远程教育　　　　　　B. 两者密切相关

C. 两者有些相关　　　　　　　D. 属于远程教育的组成部分

2.7　您认为当下教育电视媒体与教育信息化的关系是？

A. 不属于教育信息化范畴　　　B. 二者密切相关

C. 两者有些相关　　　　　　　D. 属于教育信息平台的组成部分

2.8　在教育电视节目评价中，您认为收视率应当占有怎样的比重？

A. 没有作用　　　　　　　　　B. 可以参考使用

C. 不好说　　　　　　　　　　D. 必须有一定要求

2.9　您认为教育电视媒体是否为基本公共文化服务事业的一部分？

  A. 不是   B. 一定程度上是

  C. 不好说   D. 当然是

2.10　您对教育电视媒体未来发展前景如何看？

  A. 前景暗淡   B. 只能求生存

  C. 不好说   D. 前景向好

2.11　您对应当怎样处理教育电视媒体与发展教育新媒体的关系？

  A. 只把电视事业搞好即可

  B. 搞好电视事业的同时，发展新媒体事业

  C. 不好说

  D. 新媒体事业迟早超越电视媒体

参考文献

著　作

1. 《邓小平文选》第二卷，人民出版社，1994 年版。

2. 白传之、闫欢/著，《媒介教育论》，导言，中国传媒大学出版社，2008 年版。

3. 陈昌凤/著，《中国新闻传播史》（第二版），清华大学出版社，2009 年版。

4. 邓炘炘/著，《动力与困窘：中国广播体制改革研究》，中国经济出版社，2006 年版。

5. 国家广电总局发展研究中心课题组/编，《发达国家广播影视管理体制和管理手段研究》，中国传媒大学出版社，2007 年版。

6. 胡正荣、李继东/主编，《中国广播电视公共服务体系：目标与实践研究》，中国广播电视出版社，2010 年版。

7. 胡正荣/主编，《21 世纪初我国大众传媒发展战略研究》，中国广播电视出版社，2007 版。

8. 孔令顺/著，《中国电视的文化责任》，中国传媒大学出版社，2010 年版。

9. 陆地/著，《中国电视产业的危机与转机》，中国人民大学出版社，2002 年版。

10. 梅明丽/著，《传媒制度分析和战略重构》，上海世纪出版集团，2011 年版。

11. 彭柏林等/著，《当代中国公益伦理》，人民出版社，2010 年版。

12. 汪凯/著，《转型中国：媒体、民意与公共政策》，复旦大学出版社，2005 年版。

13. 王哲平/著，《中国教育电视：历史、现状与发展》，中国社会科学出版社，2006 年版。

14. 王雄/著，《新闻舆论研究》，新华出版社，2002 年版。

15. 席巧娟/著，《电视传媒与传播文化大趋势》，中国书籍出版社，2003 年版。

16. 谢金文/著，《中国新闻史纲要》，化学工业出版社，2011 年版。

17. 新华社新闻研究所/编，《邓小平论新闻宣传》，新华出版社，1998 年版。

18. 徐光春/著，《中国广播影视的改革与创新》，作家出版社，2006 年版。

19. 赵玉明/主编，《中国广播电视通史》，中国传媒大学出版社，2006 年版。

20. 赵月枝/著，《传播与社会：政治经济与文化分析》，中国传媒大学出版社，2011 年版。

21. 中华全国新闻工作者协会/编，《学习马克思主义新闻观》，吉林人民出版社，2001 年版。

22. 周鸿铎/主编，《牡丹江新闻传媒集团发展报告》，社会科学文献出版社，2006 年版。

23. 周鸿铎/著，《传媒产业经济实务》，新华出版社，2000 年版。

24. 中国教育电视协会/编，《中国教育电视的探索与实践》，教育科学出版社，1995 年版。

25. 中国教育电视协会/编，《中国教育电视的理论与经验》，苏州大学出版社，1999 年版。

26. 中国教育电视协会/编，《中国教育电视的改革与发展》，石油大学出版社，2003 年版。

27. 宋成栋/主编，《新形势下中国教育电视的改革与发展》，中国广播电视大学出版社，2009 年版。

28. 张德明/主编，《绿叶为什么——教育和电视的 10 年》，复旦大学出版社，2004 年版。

29. 夏陈安、赵瑜/著，《专业化生存——浙江教育科技频道的创新策略》，中国传媒大学出版社，2004 年版。

30. 时统宇/著，《电视影响评析》，新华出版社，1999 年版。

31. 彭柏林等/著，《当代中国公益伦理》，人民出版社，2010 年版。

32. 山东教育电视台《迈向新世纪》编委会/编，《迈向新世纪》，山东人民出版社，2000 年版。

33. 郭镇之/著，《电视传播史》，北京师范大学出版社，2000 年版。

34. 国家广电总局发展研究中心课题组/编，《发达国家广播影视管理体制和管理手段研究》，中国传媒大学出版社，2007 年版。

35. 周康梁/文，"英国电视的政府干预"，《中国广播影视》，2012（1）（上半月）。

36. 郑永年/著，《改革及其敌人》，浙江人民出版社，2011 年版。

37. 郑永年/著，《通往大国之路》，东方出版社，2012 年版。

38. 郑永年/著，《中国模式：经验与困局》，浙江人民出版社，2010 年版。

39. 陈正良/著，《中国软实力发展战略研究》，人民出版社，2008 年版。

40. 曹爱军、杨平/著，《公共文化服务的理论与实践》，科学出版社，2011 年版。

41. 陈瑶/主编，《公共文化服务：制度与模式》，浙江大学出版社，2012 年版。

42. ［美］兹比格涅夫·布热津斯基/著，中国国际问题研究所/译，《大棋局》，上海人民出版社，1998 年版。

43. 曹建光/著，《公共服务的制度基础》，社会科学文献出版社，2010 年版。

44. 孙晓莉/著，《中外公共服务体制比较》，国家行政学院出版社，2007 年版。

论 文

1. 刘建明/文，"中国共产党新闻思想的光辉历程"，《中国广播电视学刊》，2011（7）。

2. 张艳秋/文，"BBC 公共服务模式：挑战、传承与创新"，《电视研究》，2011（10）。

3. 郑保卫/文，"简论中国共产党 90 年新闻思想的形成与发展"，《现代传播》，2011（5）。

4. 刘建明/文，"中国共产党宣传家是传播学主要原理的首创者"，《现代传播》，2011（10）。

5. 尹韵公/文，"党与党媒"，《中国广播电视学刊》，2011（7）。

6. 赵月枝/文，"构建社会主义的公共性和文化自主性？——重庆卫视改革引发的思考"，《新闻大学》，2011 秋季号。

7. 吴学夫、黄升民/文，"大国图腾：承载六十年国家理想的公共图像"，《现代传播》，2011（8）。

8. 李向阳/文，《论通向分类运营的政策创新》，《现代传播》，2011（3）。

9. 李寒清/文，"江泽民舆论导向思想研究提要"，《电视研究》，2011（6）。

10. 白传之/文，"卫星教育电视促进农村经济发展的动因分析"，《现代远距离教育》，1994（3）。

11. 白传之/文，"依靠卫星电视 发展农村经济——湖南郴州地区卫星教育电视调查报告"，《现代远距离教育》，1995（1）。

12. 朱剑飞、秦空万里/文，"事业单位改革路线图对中国广电业的昭示"，《现代传播》，2011（10）。

13. 黄卫星、李彬/文，"文化自觉与当前我国舆论引导"，《现代传播》，2011（11）。

14. 黎刚/文，"从实践看中国广播影视改革的若干基本原则"，《现代传播》，2012（5）。

15. 李松/文，"微博背着的现实焦虑"，《瞭望》，2012（37）。

16. 赵月枝/文，"公众利益、民主与欧美广播电视的市场化"，《新闻与传播研究》，1998（2）。

17. 陈晓夏/文，"提升中国纪录片对外传播能力的思考"，《现代传播》，2011（3）。

18. 杨明品、李江玲/文，"建立健全中国广播电视公共服务体系"，《中国广播电视学刊》，2011（6）。

19. 高福安、刘亮/文，"国家公共文化体系建设现状与对策研究"，《现代传播》，2011（6）。

20. 高福安、任锦鸾/文，"基于服务科学的国家公共文化服务体系创新研究"，《现代传播》，2011（10）。

21. 冷凇/文，"从《梦想合唱团》的成功看公益类节目的崛起"，《电视研究》，2012（5）。

22. 孙铭欣/文，"汇聚力量，传播文明"，《媒介》，2012（1）。

23. 贾广惠/文，"论传媒环境议题下的中国公共参与运动"，《现代传播》，2011（8）。

24. 李丹林/文，"媒介融合时代传媒管制问题的思考"，《现代传播》，2012（5）。

25. 刘宏/文，"怎么看江苏卫视与湖南卫视的竞争"，《中国广播电视学刊》，2012（5）。

26. 唐海江、孙佳乐/文，"试论我国广播电视公共服务财政支撑体系的建构"，《现代传播》，2011（12）。

27. 邵志择/文，"Public Interest：公共利益抑或公众兴趣——市场化媒体的两难选择"，《新闻大学》，2012（1）。

28. 张志华/文，"当前电视对农传播的缺失与对策"，《中国记者》，2011（11）。

29. 杨凤娇/文，"网络舆论的价值发现"，《现代传播》，2011（9）。

30. 罗以澄、姚劲松/文，"中国传媒在公共空间建构中的角色考察"，《新闻理论》，2012（4）。

31. 白传之/文，"媒体：走向平台化——BBC Learning 转型的启示"，《中国广播影视》，2010（1）上半月。

32. 江逐浪/文，"中国公共文化服务事业发展中的几个内在问题"，《现代传播》，2010（5）。

33. 闫玉清/文，"充分发挥广播影视在构建覆盖全社会的公共文化服务体系中的作用"，《求是》，2007（15）。

34. 李庆霞/文，"社会转型期文化权益的实现途径和保障机制"，《思想政治教育研究》，2009（5）。

35. 柏良泽/文，《公共服务研究的逻辑和视角》，《中国人才》，2007（3）。

36. 韩冰/文，"未来中国的文化愿景"，《瞭望新闻周刊》，2012（46）。

37. 隗鹏/文，"在历史中发掘'新闻基因'"，《青年记者》，2012（6），下半月。

38. 颜小可/文，"一档电视节目为什么要走进校园"，《中国教育电视报》，16版。

后　记

在我国文化事业、产业大发展，大繁荣，中华文化全面复兴的社会背景下，教育电视媒体究竟应该具有怎样的社会和行业地位？这不仅是实践问题，更是重大的理论问题，涉及媒体规制问题，也是困扰全国教育电视媒体同仁多年的问题。为此，山东教育电视台领导决定通过课题研究的方式，对此问题展开持续深入探讨，并制订了科研工作三步走的计划。第一步，2011 年 11 月，山东教育电视台组建以刘锦瑜台长为主要负责人的课题组，成功申报山东省教育科学"十二五"规划重点课题"教育电视媒体公益性研究"（编号：2011GZ086），2012 年年底，通过专家组鉴定，成果级别为"优秀"；第二步，2012 年 7 月，组成以白传之博士为主持人的课题组，成功申报山东省人文社科资助课题"公共文化建设背景下教育电视媒体发展研究"（编号：12 – ZZ – WH – 05），2013 年 5 月提前完成研究任务，顺利通过来自文化、教育、广电各领域相关专家组成的专家组鉴定，成果级别为"优秀"（A 级）；第三步，申报国家级课题，就教育电视与国家教育发展战略展开更为深入地研究。

本书即为前两项课题研究的综合成果。事实上，尽管正式的科研工作始于课题立项后，但对于教育电视媒体公益性的思考，对于教育电视媒体发展方向的探索约在 2006 年就已开始了，即中国教育电视山东台更名为山东教育电视台的那一年。彼时，由于全国普及九年义务教育任务的完成，原国家教委与山东省人民政府不再共建山东教育电视台，其播出内容随之发生巨大变化，面临频道转型的困惑。是紧随广电系统频道面对市场经营？还是坚守公益提供公共服务？课题的立项，为推动思路的明晰化和系统化提供了良机。

两项课题的组成人员包括山东教育电视台刘锦瑜、刘中枢、白传之、陈泽河以及山东师范大学传媒学院马池珠同志。尽管研究工作由课题组成员尤其是主要由课题主持人完成，然而，其中的思路、观念许多来自于全台的日常工作实践及与相关人员的深入探讨，尤其是山东教育电视台领导、台内相关部门负责人以及栏目制片人、编导、主持人等，正是丰富的媒体实践成为媒体接触社会的桥梁和纽带，使研究工作有血有肉，理论分析和推演建立在扎实的媒体传播策略设计、实施、传播效果分析等过程中。

课题组得到了山东省教育科学规划办、山东省教科所、山东省新闻研究所、山东师范大学传媒学院、东北师范大学传媒学院、中国传媒大学广播电视研究中心、国家广电总局发展研究中心等单位专家学者大力支持。在调研过程中，得到了全国各地教育电视媒体同仁的大力支持和配合，得到了中国教育电视协会宋成栋、于禾等同志给予的帮助、指导与肯定，尤其是提供了两次难得的会议机会，这不但能够使课题问卷调查得以高效进行，而且于 2012 年 11 月在济南举行的全国教育电视科研工作会议上展示了阶段性成果，与同行展开深度交流，获得更为切合全国实践的一手资料。原国家广电总局发展研究中心新媒体研究所吕岩梅、王雷，中国传媒大学广播电视研究中心李继东，东北师范大学传媒科学学院闫欢，山东广播电视台产业发展处李森，山东省新闻研究所周军、杨永军接受访谈，并参与中期论证，给予课题组诸多启发。山东教育电视台侯纲、张大军、赵译梵等同事提供了媒体活动的相关资料，并且有部分同事参与了课题讨论，山东广播电视台卫星频道胡韶红、山东广播电视台齐鲁频道孙珊接受访谈，齐鲁频道张蓓蓓还提供了公益行动的相关资料，山东师范大学 2012 级硕士研究生孟令杰协助对调查问卷数据进行了统计处理。当然，最重要的是山东教育电视台领导对课题研究所给予的高度重视，尤其是刘锦瑜台长再三强调的教育电视媒体"三性"论（公益性、教育性和服务性）对课题总体架构有着十分重要的指导意义，其他台领导对课题中论点的讨论亦有所助益，这是课题按期高质量完成的根本动力和保障。在此，课题组成员对所有给予该课题支持、帮助和提供便利的同仁和朋友，表示诚挚的感谢！

．　由于课题组成员理论水平、媒体认知与社会分析水平有限，占有资料也存在一定的不足，尤其是身处教育电视媒体实践当中，某些思维方式和视角均有一定的局限性，书中错误、疏漏与不足之处在所难免，敬请读者批评指正。

作者

2013 年 6 月于济南

图书在版编目（CIP）数据

中国教育电视媒体发展论／白传之，刘中枢著．--北京：中国广播电视出版社，2013.7

ISBN 978-7-5043-6922-2

Ⅰ.①中… Ⅱ.①白… ②刘… Ⅲ.①电视教育—传播媒介—研究—中国 Ⅳ.①G728.8

中国版本图书馆 CIP 数据核字（2013）第 147001 号

中国教育电视媒体发展论

白传之 刘中枢 著

责任编辑 宋蕾佳
封面设计 亚里斯
责任校对 谭 霞

- -

出版发行 中国广播电视出版社
电 话 010-86093580 010-86093583
社 址 北京市西城区真武庙二条 9 号
邮 编 100045
网 址 www.crtp.com.cn
电子信箱 crtp8@sina.com

- -

经 销 全国各地新华书店
印 刷 高碑店市德裕顺印刷有限责任公司

- -

开 本 710 毫米×1000 毫米 1/16
字 数 195（千）字
印 张 12.25
版 次 2013 年 7 月第 1 版 2013 年 7 月第 1 次印刷

- -

书 号 ISBN 978-7-5043-6922-2
定 价 28.00 元